Anette Heiter

DER NAME
DER ROBE

Irre Zeugen, verrückte Anwälte, verdrehte Gesetze –
mein Leben als Richterin

Piper München Zürich

Mehr über unsere Autoren und Bücher:
www.piper.de

MIX
Papier aus verantwor-
tungsvollen Quellen
FSC® C083411

Originalausgabe
1. Auflage September 2013
3. Auflage August 2014
© Piper Verlag GmbH, München 2013
Umschlaggestaltung: bürosüd, München
Umschlagabbildung: bürosüd, München
Satz: Uhl + Massopust, Aalen
Gesetzt aus der Minion Pro
Papier: Munken Print von Arctic Paper Munkedals AB, Schweden
Druck und Bindung: CPI books GmbH, Leck
Printed in Germany   ISBN 978-3-492-30359-0

Inhaltsverzeichnis

WARUM ICH TROTZDEM RICHTERIN GEWORDEN BIN

Was das Schlimmste ist am Richterdasein? Menschen einsperren? Dauernd belogen werden? Ehefrauen und Führerscheine wegnehmen? Aktenstaub inhalieren? Mit anderen Richtern mittagessen? Auch schlimm, aber lange nicht das Schlimmste.

Ich habe eine Hitliste aufgestellt mit den schlimmsten Dingen. Auf Platz 3: dass man für allwissend gehalten wird.

»Du, was gibt's denn für 20 Gramm Marihuana? Nur mal so aus Interesse…« Keine Ahnung! Vielleicht 200 Euro auf dem Schwarzmarkt?

»Wenn das Ende meiner Führerscheinsperre auf einen Feiertag fällt, müssen die mir den Lappen dann nicht schon am Tag davor zuschicken?« Müssen die bestimmt. Aber wenn sie es nicht tun: Willst du sie verklagen?

»Wie findest du denn den Freispruch für Kachelmann? Also, das geht doch gar nicht – jetzt sag du doch mal, so als Richterin!«

Die richtige Antwort hierauf wäre: Ich habe die Akten nicht gesehen, ich kann gar nichts dazu sagen. Das ist aber natürlich langweilig, weil ja jeder aus höchst zuverlässigen Quellen den Sachverhalt kennt – in allen Farben des Regenbogens. Und nichts gegen die Presse. Hier wird selbstverständlich die reine Wahrheit geschrieben oder zumindest das, was für eine zulässige Version der Wahrheit gehalten wird. Aber möglicherweise nicht die Wahrheit, die im Strafprozess relevant ist. Zu Frauen gemein sein und sie beschwindeln ist für sich genommen nicht strafbar. Die Knäste wären sonst noch voller, als sie es ohnehin schon sind.

Auf Platz 2 meiner persönlichen Hitliste sind kenntnisreiche Fragen zum Beruf selbst.

»Ah, du bist Richterin! Sag mal, wie ist denn das, wenn man einen Mörder verurteilt?« Also mal ehrlich, fragen Sie Ihren Zahnarzt auch: »Herr Doktor, wie fühlen Sie sich denn bei einer Wurzelspitzenresektion?«

»Spielt das eine Rolle, wenn dir einer der Anwälte sympathisch ist? Und was machst du, wenn beide gleich nett sind?« Nun ja, viel praxisrelevanter wäre die Frage, was man macht, wenn man beide gleichermaßen doof findet.

»Hast du auch so einen schönen Hammer? Weißt schon … Ruhe im Gerichtssaal und so …?« Ich bin im Besitz mehrerer Hämmer, sogar ein richtig toller Bohrhammer ist dabei. Aber wir benutzen im Gerichtssaal keine Hämmer (es sei denn, um Bilder aufzuhängen) – und um das auch gleich zu klären: Wir tragen auch keine weißen Perücken! Aber diese Frage führt mich fast zwangsläufig zum Spitzenreiter der Liste:

Mein persönlicher Platz 1 ist die beliebte Frage »Warum tragt ihr denn immer noch diese komischen Roben?« Meine Lieblingsantwort darauf ist: »Weil man dann vergammelte Jeans drunter haben kann, und kein Mensch merkt es.« Und meine zweitliebste Antwort ist, dass ein bisschen Kasperletheater eben sein muss, sonst sind die Menschen nicht zufrieden. Warum wir sie tatsächlich tragen? Darauf komme ich später zurück; Tatsache ist: Ich trag sie gerne.

Aber lassen Sie mich doch noch kurz auf die Mörder zurückkommen. Die allermeisten Mörder sind genauso schnell gefangen wie verurteilt – das Verfahren ist also vergleichsweise langweilig. Und warum ist das so? Weil die meisten Gewaltverbrechen im häuslichen Umfeld stattfinden, das sind die sogenannten Beziehungstaten, und das bringt mich auf ein Thema, das zum einen beinahe zwingende Voraussetzung ist für Grausamkeiten aller Art, andererseits aber viel spannender ist als Mord und Totschlag: das Familienrecht.

§ 1 »MÄNNER UND FRAUEN PASSEN EINFACH NICHT ZUEINANDER... – DAS FAMILIENRECHT

»Männer und Frauen passen nicht zueinander, bestenfalls kurzzeitig ineinander!« ist einer der Kernsätze meines alten Freundes Glauner. Er muss es wissen, schließlich war er jahrzehntelang als Scheidungsanwalt tätig.

»Bis dass der Tod Euch scheidet« ist ja heute kein ernst zu nehmendes Motto mehr. Und zum Glück begreifen es nur wenige als Aufforderung, vor dem gewünschten Ende der Ehezeit zum Hackebeil zu greifen. Entstanden ist diese Formel in einer Zeit, als die Menschen mit etwa Mitte dreißig das Zeitliche segneten. Da war das Ende absehbar.

Da der Tod heute in den meisten Fällen einige Jahrzehnte zu spät kommt, um die Durchschnittsehe durch natürliches Ableben zu beenden, hat der Gesetzgeber sich die Ehescheidung ausgedacht. Dabei ist es gelungen, das Verfahren so kompliziert auszugestalten, dass es nur mithilfe von Anwälten möglich ist, eine Scheidung durchzuziehen. Die Lobby der Rechtsanwälte dürfte bei der Gesetzgebung kräftig mitgewirkt haben, vermutlich wurden den Entscheidungsträgern kostenfreie Scheidungen auf Lebenszeit versprochen.

Neidvoll blickt der deutsche Scheidungswillige ins islamische Recht, wo es ausreicht, dass der Ehemann seine Ehefrau dreimal verstößt (»Ich verstoße dich, ich verstoße dich, ich verstoße dich!«), und schon ist man geschieden. Wenn Sie allerdings in Deutschland rechtskräftig geschieden sein wollen, genügt es leider nicht, zum islamischen Glauben überzutreten, um in den Genuss dieser Rechtslage zu kommen. Wäre dies so, müsste man Exbundespräsident Christian Wulff (Sie erinnern sich, der mit dem günstigen Hauskredit und der Vorliebe für lustige Mailboxnachrichten bei der *Bild*-Zeitung) auch im rechtlichen Sinne wörtlich nehmen mit seiner Aussage, der Islam gehöre zu Deutschland. Reihenweise würden die Leute konvertieren – aber die Rechtsanwälte wissen das zu verhindern.

Da alles ja so schön kompliziert ist, lassen sie sich ausbilden zu Familienrechts-Fachanwälten, und auch bei den Gerichten gibt es inzwischen eigene Familienabteilungen, in denen nur als Richter arbeiten darf, wer schon über Erfahrung verfügt, weil die Materie als so schwierig gilt.

Dabei ist das alles ein großer Etikettenschwindel. Denn obwohl es theoretisch um die Familie geht, ist in der Realität selten noch eine Familie vorhanden. Im Mietrecht geht es um Mietverhältnisse, im Baurecht um Bauwerke, im Vereinsrecht um Vereine, im Gesellschaftsrecht um Gesellschaften, da sollte man doch annehmen, im Familienrecht gehe es um Familien. Doch weit gefehlt – zumindest vor Gericht. Denn hier befasst sich das Familienrecht fast ausschließlich mit Scheidungen, also dem Auflösen von Familien und den sich daraus ergebenden Problemen.

DER STANDARDFALL

Gehen wir einmal von der Standardproblematik aus. Sie sind verheiratet, und Ihre Ehe scheitert. Das kann verschiedene Gründe haben: Geld, Beruf, unvereinbare Sternzeichen oder, wie es bei Hollywood-Promis immer so schön heißt, »unüberbrückbare Differenzen« – was im Klartext häufig bedeutet, dass einer der Partner fremdgegangen ist.

Nehmen wir also an, Sie haben eine SMS auf seinem Handy entdeckt, die nicht von Ihnen ist: »Schatz, du warst großartig gestern – treffen wir uns heute wieder im Hotel *Zur Schönen Aussicht*? Gruß, Schnucki«.

Zunächst werden Sie die fünf Phasen der Trauer durchlaufen: Negierung, Wut, Verhandeln, Depression, Akzeptanz. Dieser Prozess kann manchmal mehrere Jahre in Anspruch nehmen, er kann sich aber auch innerhalb weniger Stunden abspielen.

Ihre erste Reaktion wird sein: »Wir kennen doch gar niemand, der Schnucki heißt – das ist sicher ein Irrläufer.« Das ist die Phase der Negierung: Man will nicht wahrhaben, was doch eigentlich offensichtlich ist. Auch der Inhalt der SMS macht Sie stutzig. Bei was sollte er großartig gewesen sein? Schluffig, langweilig, dröge, ideenlos – das sind die Adjektive, die Ihnen in den Sinn kommen, wenn Sie an Ihren Mann denken. Aber doch nicht »großartig«.

Dann fällt Ihnen aber ein, dass er gestern sehr spät nach Hause kam und ungewöhnlich roch. Und überhaupt in letzter Zeit häufig geistig abwesend war und doch entspannt wirkte. Da Sie nicht dumm sind, erreichen Sie jetzt sehr schnell die Phase der Wut, was sich leider nachteilig auf den Zustand seines neuen, teuren Handys, auf umstehendes Mobiliar und erreichbares Geschirr auswirkt. Schlecht für ihn, wenn er während dieser Phase nicht bei Schnucki im Hotel ist, sondern in Ihrer Nähe.

Wenn die Wut verraucht ist, kommt die Phase der Verhandlung. Die Tatsache, dass die Ehe gescheitert ist, wird infrage gestellt. Selbstverständlich sind die Ansatzpunkte der Beteiligten ganz unterschiedlich.

Sie: »Bist du bereit, Schnucki aufzugeben?«
Er: »Ich könnte sie ab jetzt nur noch einmal pro Woche sehen – und auch nur noch in ganz preiswerten Hotels.«
Sie: »Es ist unglaublich, dass du für die Schlampe überhaupt ein Hotel bezahlst – und für unseren Urlaub ist immer kein Geld da!«
Er: »Wir könnten auch hier …, wenn du in der Zeit zum Frisör gehst?«
Sie: »Aber nur, wenn du die Rechnung übernimmst. Und natürlich nicht bei irgendeinem – es muss dann schon Julien sein!«

Ja, so liefe die Verhandlung in einer idealen Welt mit großzügigen Männern und verständnisvollen Frauen ab (heute schon Realität in Frankreich, zumindest stelle ich mir so ähnlich die Gespräche zwischen Dominique Strauss-Kahn und seiner Exfrau Anne Sinclair vor). In unserer Welt nimmt das Gespräch leider nach dem zweiten Satz eine andere Richtung. Da sagen Sie: »Du musst dich entscheiden, Schnucki oder ich!« Ihr Mann wägt kurz ab (will er in den nächsten Monaten in den Daumenschrauben der Ehefrau oder der Beinschere von Schnucki stecken) und entscheidet sich für Letzteres.

Das wiederum macht nach ein paar Tränen der Depression den Weg frei für die Phase der Akzeptanz: Er muss akzeptieren, dass der Inhalt seines Kleiderschranks kurzfristig auf dem Gehsteig zwischengelagert wird, Sie akzeptieren, dass jetzt ein anderer Mann die entscheidende Rolle in Ihrem Leben spielen wird: der Anwalt.

Gemeinsam mit ihm werden Sie in den nächsten Wochen, Monaten, vielleicht auch Jahren ganz neue Gebiete erkunden. Gebiete, von denen Sie möglicherweise bisher gar nicht wussten, dass sie existieren, oder bestenfalls einen der klangvollen Namen gehört haben. Sie ahnten aber nicht, dass Sie je selbst in diese Niederungen vordringen würden. Ich spreche von Dingen wie Zugewinnausgleich, Versorgungsausgleich, Hausratsauseinandersetzung, elterliche Sorge, nachehelicher Unterhalt, Zuweisung der ehelichen Wohnung, Scheidungsfolgenvereinbarung, einstweilige Anordnungen et cetera – aber bevor Ihnen nun der Angstschweiß auf die Stirn tritt, begeben wir uns lieber auf vertrauteres Terrain: Zunächst geht es nämlich um die Suche nach dem Richtigen.

JEDEM TÖPFCHEN SEIN DECKELCHEN: DER PASSENDE SCHEIDUNGSANWALT

Ganz wie im richtigen Leben: Die einen mögen's eher sanft und verständnisvoll, die anderen brauchen's etwas härter, wieder andere brauchen gar mehrere auf einmal – egal, wie Ihre Bedürfnisse gelagert sind, eines ist sicher: Die Suche nach dem Richtigen ist nicht einfach. Das gilt leider auch für Anwälte.

Es gibt inzwischen Anwälte, die bieten eine Online-Scheidungsberatung an. Das ist konsequent, wenn man den Partner über ein Internetportal kennengelernt hat, mit ihm überwiegend elektronisch kommuniziert hat und sich jetzt auch weitgehend virtuell scheiden lassen will. Zumindest der Scheidungstermin vor Gericht erfordert allerdings noch die persönliche Anwesenheit beider Eheleute. An dieser Stelle endet dann auch die Online-Scheidungsberatung, denn spätestens zum Termin trifft man den Anwalt persönlich oder eben einen der von der Kanzlei angestellten Avatare, und das System entlarvt sich als noch nicht ausgereift.

Wir befassen uns daher lieber mit der herkömmlichen Anwaltssuche, denn noch gibt es sie: die Anwälte aus Fleisch und Blut. Und nein, wir verkneifen uns an dieser Stelle Wortspiele wie fleischfressende Blutsauger – ich finde, man stellt sie ganz unverdient unter einen Generalverdacht, die Vampire, wenn man sie immer wieder mit Anwälten vergleicht.

Die meisten Scheidungswilligen finden ihren Anwalt durch Empfehlung, denn wie die Windpocken, so verbreiten sich auch Ehescheidungen unter befreundeten Familien. Wenn eine den Anfang macht, ziehen andere bald nach. Man kann sich also vertrauensvoll an die Freundin oder den Freund wenden und nach geeigneter anwaltlicher Beratung fragen. Die Auskunft ist in etwa so verlässlich wie die Frage nach dem besten Zahnarzt – was soll man schon sagen über jemanden, der einem in einer schmerzhaften Situation noch weitere Schmerzen zufügt?

Nun ja, der Anwalt tut's zumindest ohne Narkose, was zwar die Schmerzen nicht dämpft, andererseits aber das Bewusstsein auch nicht trübt – und in den Verhandlungen um Geld, Haus und Auto kann das ein entscheidender Faktor sein. Klasse fand ich in dem Zusammenhang den Tipp, den mein frisch geschiedener Freund Simon einem Leidensgenossen gab. Wir standen bei einer Party am Büfett, und er hatte seinen Teller schon ordentlich vollgeladen. Es war deutlich erkennbar, dass er seit längerer Zeit nichts Anständiges mehr gegessen hatte. Unser gemeinsamer Freund Peter stand mit seinem Weinglas daneben – er war noch in der Phase, in der gilt: Das bisschen, was ich überhaupt runterbringe, kann ich auch trinken (ich nenne sie auch gerne die feucht-heiße Phase der Trennung) – und bat um einen Tipp in Sachen Scheidungsanwalt. Simon daraufhin: »Nimm den Anwalt meiner Exfrau ... der ist echt gut!«

Auch ein Blick in die Gelben Seiten hilft erstaunlicherweise oft tatsächlich weiter. Nicht, dass im Branchenbuch abzulesen wäre, wer etwas taugt und wer nicht. Aber wenn man weiß, was die Anzeigen in den Gelben Seiten kosten, kann man durchaus Rückschlüsse auf die finanzielle Ausstattung der Kanzlei ziehen. Und natürlich auf das individuelle Geltungsbedürfnis des jeweiligen Anwalts. Und angesichts der teils farbenfroh zwischen avantgardistisch und hausbacken changierend gestalteten Anzeigen auf ihren Geschmack. Manche haben einen Grafiker beschäftigt, der ihnen ein juristisches Firmenlogo entwickelt hat, dessen Sinnzusammenhang mit der anwaltlichen Tätigkeit sich vermutlich erst nach 15 Semestern Kunstgeschichte erschließt. Da sieht man zum Wolpertinger verkommene Justitias, die Schildmützen tragen, die Waage durch Fußball ersetzt und das Schwert durch eine Trillerpfeife, und man ahnt: Der Anwalt hat sich auf Sportrecht spezialisiert. Immer wieder auch gerne genommen sind Abwandlungen des Paragrafenzeichens. Er ersetzt gerne einmal ein »S« im Namen oder in der Adresse, dient als Kleiderhaken oder Buchstütze. In diesem Zusammenhang vermisse ich allerdings die Verwendung als Korkenzieher – wir denken an die »feucht-heiße« Phase der Trennung. Manche haben ausprobiert, wie viele unterschiedliche Schriftarten sich auf zwölf Quadratzentimetern unterbringen lassen, andere versuchen durch Abdruck eines Familienwappens besonders gediegen rüberzukommen. Und wieder andere haben kapituliert vor den horrenden Preisen und drucken nur noch ihren schlichten Namen mit Telefonnummer ab.

Im Wesentlichen lassen sich die zahlreichen Anwälte, die sich im großen Teich des Familienrechts tummeln, in folgende Gruppen einordnen:

DIE ENGAGIERTE ANWÄLTIN

Ihr ursprünglicher Berufswunsch als Kind war Tierärztin, aber nachdem sie gemerkt hat, dass das nicht nur bedeutet, dass man kleine Häschen, Hamster oder Kanarienvögel durch Nierentransplantationen retten kann, sondern auch gelegentlich das Wochenende mit dem Arm bis zum Schultergelenk in der rückwärtigen Körperöffnung einer Kuh verbringt, hat sie davon Abstand genommen. Das darauffolgende Praktikum bei der Kinderärztin endete leider schon nach wenigen Stunden mit einem Kreislaufkollaps beim Blutabnehmen, und so blieb nur der Wunsch, irgendetwas mit Menschen zu machen – aber eben ohne mit deren Sekreten in Berührung kommen zu müssen.

Was läge da näher, als sich für die Rechte der Unterdrückten einzusetzen? Also hat sie Jura studiert. Nach verschiedenen Praktika hat Papa ihr bei der Miete und bei der Einrichtung einer eigenen Kanzlei unter die Arme gegriffen, aber ausgesucht hat sie alles selbst: freundliches helles Fichtenholz mit abgerundeten Kanten, Seidenblumen in Rosé und Bleu.

Als Erstes wird sie Ihnen eine Mediation anbieten und

Ihnen gerne erklären, dass das nichts mit fernöstlicher Heilslehre und »Ommmmmm brummen« zu tun hat, sondern mit friedlicher Streitbeilegung. Als ob Sie friedlich sein wollten, wenn Sie schon beim Anwalt sind! Das ist etwa so, wie wenn Sie sich beim örtlichen Schlachter nach den neuesten Trends im Vegetarismus erkundigen.

Anschließend hört sie Ihnen ausgiebig zu bei der Schilderung Ihrer Ehequalen und vermittelt Ihnen den Eindruck völliger Solidarität – allerdings auch das Gefühl, dass es sich hier um die erste Scheidungsgeschichte handelt, die sie je gehört hat. Dieser Eindruck trügt nicht und schlägt sich nieder in Schriftsätzen voller Engagement und Ahnungslosigkeit.

Das Gute an ihr ist: Sie erzeugt bisweilen beim Gegner und beim Richter eine Art Beißhemmung, weil sie noch Welpenschutz genießt. Nicht alle können auf Knopfdruck Wasser in ihre Augen einschießen lassen, wie beispielsweise Anwältin Zittich, die immer so nervös in ihren Schriftsätzen wühlte, dass uns allen im Gerichtssaal zum Heulen war. Zunächst schrieb ich das ihrer jugendlichen Unerfahrenheit zu, nach einigen Jahren merkte ich aber: Das hat Methode. Statt sich mit brillanten Schriftsätzen aufzuhalten, hat sie das Kindchenschema perfektioniert. Weit aufgerissene, feuchte Augen, schief gelegter Kopf, ein leichtes Quietschen in der Stimme. Und das Schlimmste ist: Es wirkt, selbst wenn auf der Gegenseite kein Mann sitzt – auch Frauen bekommen bei solchem Verhalten Muttergefühle.

Als Frau sollten Sie diese Anwältin trotzdem meiden, weil Sie sonst schnell gemeinsam in der Heulsusenecke sitzen und weder vom Gegner noch vom Gericht ernst genommen werden.

Wenn Sie aber ein relativ unsympathischer Machomann sind, der seinen Geiz, seine Geldgier und seinen Egoismus

gerne kaschieren möchte mit einem Mäntelchen aus Für-
sorge für die armen gemeinsamen Kinder – dann fahren Sie
mit Madame Weichkeks unter Umständen ganz gut.

DER GROSSVERDIENER

Seine Kanzlei ist in einem chic sanierten Altbau mit Stuck-
decken und Marmorfußboden. Die Empfangsdame hat
Modelmaße, Samtstimme und Mona-Lisa-Lächeln. Sie hat
Ihnen beim ersten Anruf in verbindlichstem Ton mitgeteilt,
dass ein Termin leider erst in vier Wochen möglich sei –
dann aber könne sich der Herr Anwalt Ihnen vollumfäng-
lich ganze 30 Minuten lang widmen. Dankbar haben Sie
diese Möglichkeit wahrgenommen.

Vorsichtig betreten Sie die Räume und überlegen kurz,
ob Sie nicht Fotografien davon im letzten *Schöner Wohnen*
gesehen haben. Im Wartezimmer liegen selbstverständlich
keine Schundmagazine wie *Bunte* oder *Gala,* sondern nur
die neuesten Ausgaben von *Geo Wissen, Der Feinschmecker*
und *Architectural Digest.* Die Wartezeit wird Ihnen mit einem frisch geschäumten Cappuccino verkürzt. Oder darf's
eine Latte sein? Schließlich holt die Empfangsdame Sie ab
und geleitet Sie ins Allerheiligste.

Auch dort: Stil, Stil und noch mal Stil. Zeitlos kostba-
res Parkett, bodentiefe Holzfenster mit dezenten Vertikal-
jalousien, eine Sitzecke aus weichem, schwarzem Leder
im Bauhausdesign. Ihr Anwalt selbst trägt rahmengenähte
Schuhe und Maßanzüge von unaufdringlicher Eleganz.

Unverkrampft und souverän kommt er gleich zu Beginn
auf die Honorarfrage zu sprechen, und Sie beweisen welt-
männische Umgangsformen, indem Sie, ohne zu zögern,
die Stundenhonorarvereinbarung unterzeichnen. Denn na-

türlich leuchtet es Ihnen ein, dass Ihr spezieller Fall eine ganz besondere Betreuung notwendig macht, die mit den gesetzlichen Gebühren nie angemessen abgegolten werden könnte. Obendrein sind die Fähigkeiten Ihres Gegenübers legendär, und einen Rolls-Royce bekommt man nun einmal nicht zum Preis eines Dacia.

Die eigentliche Vertragsgrundlage ist klar: Hier treffen sich zwei Männer auf Augenhöhe, um das (beträchtliche) Vermögen des einen vor dem Zugriff der gierigen Ehefrau zu schützen. (Schöner Nebeneffekt: Einen Teil des so verteidigten Vermögens kann der Anwalt gleich selbst behalten.)

Aber selbstverständlich vertritt der Anwalt auch Frauen. Es gibt ja tatsächlich Frauen mit eigenem Vermögen. Oder solche, die bereits im Vorfeld der Trennung von ihrem vermögenden Mann klug genug waren, sich Kopien aller relevanten Unterlagen zu fertigen – für den Fall der Fälle. Und noch klügere haben ihrerseits durch rechtzeitige, diskrete finanzielle Transaktionen dafür gesorgt, dass sie in der Lage sind, die atemberaubenden Vorschussforderungen ihres Anwalts zu bedienen, ohne ihren demnächst Exgatten um Almosen bitten zu müssen.

Anders ausgedrückt: Der Gatte bezahlt seinen eigenen Gegenanwalt und weiß es noch nicht einmal.

Mein Freund Thomas gehört ein klein wenig in diese Kategorie von Anwälten. Zumindest, was die rahmengenähten Schuhe und die zahlungskräftige Klientel angeht.

Die Geschichte, wie wir uns kennengelernt haben, ist so komisch wie untypisch für den Justizbetrieb: Er war als Anwalt tätig in einer Rechtssache, die ich zu verhandeln hatte. Vor der Verhandlung hatte er – wie üblich – seine Rechtsposition in einem Schriftsatz dargelegt, und dies auch unterfüttert mit dem Verweis auf eine einschlägige Gerichtsentscheidung des Oberlandesgerichts Hamm (das OLG ist nach dem Amtsgericht und dem Landgericht die dritte Stufe. Darüber kommen nur noch der BGH und dann das Jüngste Gericht) mit der Fundstelle in einer Zeitschrift. Man hat nicht immer die Zeit, Fundstellen wirklich nachzuschlagen, oft lässt man es einfach und tut so, als kenne man die Entscheidung. Dieses Mal hatte ich die Zeit gehabt, schlug also nach und stellte fest, dass genau neben dem Abdruck der Entscheidung eine des OLG Stuttgart stand – aus der sich das genaue Gegenteil dessen ergab, was das OLG Hamm entschieden hatte. In der Verhandlung erklärte ich daher mit einem freundlichen Lächeln, dass mir (beim Amtsgericht Stuttgart) die Auffassung des hiesigen OLG natürlich wichtiger sei als die des OLG Hamm. Er strich ohne weitere Gegenwehr die Segel, und wir scherzten noch etwas über die Faulheit der Richter, auf die man sich eben doch nicht immer verlassen dürfe – denn natürlich war ihm klar gewesen, dass der Fall verloren wäre, sobald der Richter die entsprechende Zeitschrift zum Thema aufschlug. Am nächsten Tag rief er an und lud mich zum Kaffeetrinken ein, was sehr untypisch ist, denn die meisten Anwälte in dieser Situation wären sauer oder gekränkt gewesen. Es war der Beginn einer wunderbaren Freundschaft – und wenn ich heute eine Frage im Familienrecht habe, greife ich oft zum Telefonhörer und frage Thomas.

DER ANWALT UM DIE ECKE

Gehen wir davon aus, die zu verteilende Masse in der Scheidung besteht nicht aus mehreren Ferienimmobilien in sonnigen Gefilden, Wasser- und Motorfahrzeuge spielen eine untergeordnete Rolle, und das Wertpapierportfolio besteht aus einem Volksbank-Sparbuch. Sie gehören also eher zur überwiegenden Mehrheit der Bevölkerung. Zu Menschen, die sich bei der Trennung überlegen, ob es nicht irgendeinen Weg geben könnten, die Waschmaschine künftig doch noch gemeinsam zu nutzen, weil die Anschaffung einer neuen das Budget sprengen würde.

Die Kanzlei Ihres Anwalts liegt nicht in einer dieser schicken Altbauvillen, sondern in einem zweckmäßigen Nachkriegsbau – dritter Stock ohne Aufzug und ohne eigene Parkplätze, dafür verkehrsgünstig in der Nähe der Bushaltestelle. Sein Vorzimmer ist am Vormittag besetzt mit einer robusten Wiedereinsteigerin, die telefonisch den Termin für den nächsten Tag mit Ihnen vereinbart.

Das Treppenhaus ist hellhörig, der Flur belegt mit PVC, und der Teppichboden des Besprechungszimmers, das zugleich sein Büro ist, kann sich vermutlich noch an die Olympiade in München erinnern. Ein Schreibtisch, zwei Stühle, ein Extratisch – hier fließt kein Mandantengeld in überflüssige oder gar dekorative Ausstattung.

Das sollte Ihnen Vertrauen einflößen.

Lassen Sie sich von den leeren Rotweinflaschen, die Sie durch die offene Tür zur Teeküche im Vorbeigehen erspähen, nicht irritieren – seit dem Infarkt trinkt er nur noch nach Feierabend. Von ihm werden Sie keine Honorarvereinbarung angeboten bekommen, dazu ist er zu realistisch. Im Gegenzug kennt er alle Möglichkeiten öffentlicher Unterstützung von Unterhaltsvorschuss, Sozialhilfe, Hartz IV bis zur Prozesskostenhilfe. Auch bei seinem Vorschuss ist er gerne bereit, eine Ratenzahlungsvereinbarung mit Ihnen zu treffen, und lässt Sie auch nicht darüber im Unklaren, dass Ihre Rechtsschutzversicherung, selbst wenn Sie eine haben sollten, für Scheidungskosten nicht aufkommt.

Über das Problem mit der Waschmaschine können Sie ebenfalls vertrauensvoll mit ihm reden. Er wird versuchen, mit dem Gegner stundenweise ein Waschküchenbesuchsrecht zu vereinbaren, und wenn das nicht klappt, kennt er aus eigener Erfahrung die besten Waschsalons der Stadt.

Vor Gericht hält er sich nicht lange mit Rhetorik und juristischem Blendwerk auf, sondern kommt zügig zur Sache – schließlich hat er noch andere Dinge zu tun und vermutlich steht sein Auto im Parkverbot.

Der von mir hoch geschätzte und mehrfach zitierte Rechtsanwalt Glauner gehörte eindeutig in diese Gruppe – selbstredend ohne Rotwein und Waschsalon. Er bezeichnete sich selbst als »Feld-Wald-und-Wiesen-Anwalt«, man könnte ihn vornehmer auch den letzten Generalisten nennen oder den Leonardo daVinci der Jurisprudenz. Anders als die meisten Anwälte heutzutage arbeitete er auf allen Rechtsgebieten und hatte kein ausgewiesenes Spezialgebiet. Dafür hatte er den großen Überblick und sah oft Zusammenhänge, die dem Spezialisten verborgen bleiben.

Als Verwaltungsrechtler hat er jahrzehntelang Schausteller vertreten, die von Städten nicht zu Jahrmärkten zugelassen worden waren und am meisten gefreut hat ihn, dass er bald auch von den Städten, die er zuvor besiegt hatte, beauftragt wurde. In Sachen Familienrecht profitiert er sehr von seinen persönlichen Erfahrungen, die in seiner Erkenntnis gipfeln: »Eine glückliche Ehe zu führen, ist gar nicht schwer – ich habe das schon mehrfach geschafft.« Dazu später mehr.

DER FAMILIENRICHTER – EIN GUTMENSCH MIT HORNHAUT AUF DER SEELE

Es wird immer fälschlicherweise angenommen, dass man sich als Richter aussuchen kann, was man tut. Man kann beim Ministerium zwar schon Wünsche äußern und zum Beispiel sagen: Ich würde wahnsinnig gerne Strafrecht am Landgericht machen – aber schwupps! hat man eine Stelle als Familienrichter am Amtsgericht. Man muss also nicht grundsätzlich davon ausgehen, dass der Richter, auf den man treffen wird, sich nichts Schöneres vorstellen kann, als Hausräte auseinanderzusetzen, Ehen zu scheiden oder Kinder zwischen Streithähnen aufzuteilen.

Diejenigen, die sich freiwillig dieser Materie zuwenden, sind häufig sozial sehr engagierte Menschen, die anfangs ernsthaft glauben, als Richter an dieser Stelle die Kälte in der Gesellschaft bekämpfen zu können. Woran man sie erkennt? Häufig am Doppelnamen – bei Frauen manchmal, bei Männern auf jeden Fall. Ein Herr Schubert-Wollschläger will vermutlich den Chauvinismus im Alleingang ausrotten. Ob Ihnen das hilfreich sein kann? Das kommt ganz darauf an. Vielleicht erkennt Herr Schubert-Wollschläger in Ihnen, dem nickelbebrillten, langhaarigen Träger von Selbstgestricktem, sofort den Seelenverwandten, ist aber so überkorrekt, dass er Sie besonders streng anfasst, um nur ja nicht als befangen zu gelten.

Vielleicht fühlt er sich aber auch von seiner Frau latent unterdrückt und verachtet andere Männer, die sich auch unterdrücken lassen? Wie dem auch sei, wenn er nicht gerade erst ganz neu ist auf der Stelle, versuchen Sie nicht, ihn mit Ihrer rührseligen Familiengeschichte emotional auf Ihre Seite zu ziehen. Im Zweifel kennt er bereits weit krassere Geschichten und hat bereits eine dicke Schicht Hornhaut auf der Seele. Solange Ihnen Ihr Anwalt also nicht eindeutig das Signal zum Heulangriff gibt, lassen Sie die Taschentücher lieber stecken!

Das Dumme am Familienrecht insgesamt ist, dass 90 Prozent der Fälle inzwischen so standardisiert sind, dass der Richter keinerlei Spielraum hat. Böse Zungen behaupten, die Tätigkeit könnte auch ein gut trainierter Schäferhund ausführen, und ich werde den Verdacht nicht los, dass dies in einigen Fällen auch praktiziert wird. Die restlichen zehn Prozent sind dagegen menschlich, rechtlich und moralisch so verfahren und kompliziert, dass sich die meisten Richter wünschten, sie könnten ihren Schäferhund ins Rennen schicken.

RICHTER SCHNAUFER UND DER GV

Während meiner Ausbildungszeit am Amtsgericht wurde ich zum ersten Mal mit Scheidungsverhandlungen konfrontiert. Mein Ausbilder, nennen wir ihn Richter Schnaufer, zeichnete sich vor allem durch sein Interesse am Intimleben der Scheidungswilligen aus. Zu Beginn jeder Scheidungsverhandlung fragte er: »Wann hatten Sie den letzten ehelichen Verkehr?«

Richter Schnaufer war ein vollkommenes Exemplar der Spezies »schwäbischer Amtsrichter«. Er sah aus wie eine Mischung aus Seelöwe und Bulldogge – sein ausladender

Schnauzbart stieß unmittelbar an eine unzählbare Flut von Tränensäcken – und erschien zum Dienst immer mit seinem Dackelhund, der sich prompt unter den Schreibtisch verzog und zu schnarchen begann. (Zumindest hoffe ich, dass es der Hund war.)

Richter Schnaufer war außerdem ein aktives Mitglied der Provinzgemeinde, was bedeutet, dass er montags beim Gesangsverein, dienstags bei der Freiwilligen Feuerwehr, mittwochs beim Kleintierzüchterverein, donnerstags beim Kirchengemeinderat und freitags beim Fußballverein jeweils lange, laute und feuchte Sitzungstermine wahrzunehmen hatte. Die Wochenenden gehörten ganz seinem Hobby, der Jagd, wobei mir immer noch nicht ganz klar ist, wie er seinen umfangreichen Kesselbauch wohl in einen Hochstand gehievt haben mag. Jedenfalls war er montags immer guter Dinge, wenn er am Wochenende zum Schuss gekommen war.

Häufig kam es aber auch vor, dass die Belange der Gemeinde nächtens so intensiv besprochen werden mussten, dass ihm am nächsten Tag die Stimme fehlte und einem heiseren Kratzen wich, was meist auch begleitet wurde von enormen Kopfschmerzen – er muss sich um das Gemeinwohl schlimme Sorgen gemacht haben. Wenn die Tränensäcke sich daranmachten, die Schnurrbartspitzen zu überlappen, und auch das dritte Aspirin die pochenden Schmerzen nicht besiegen konnte, krächzte er mir gerne zu, ich möge die anstehenden Gerichtsverhandlungen absagen, er sei unpässlich und müsse das Bett hüten. Flankiert von seinem treuen Rüden, verließ er das Gericht am frühen Vormittag und ward nicht mehr gesehen.

Ebenso wie seine spezielle Arbeitsmoral verblüffte mich jedes Mal wieder seine Frage nach dem letzten ehelichen

Verkehr, denn rechtlich war dies gänzlich ohne Belang. Er stellte sie allerdings im selben sachlich-schluffigen Ton, in dem er auch zuvor die Personalien der Beteiligten erfragt und ins Protokoll diktiert hatte: Wie heißen Sie, wo wohnen Sie, was sind Sie von Beruf, wann hatten Sie den letzten ehelichen Verkehr?

Während ich neben ihm saß und eifrig so tat, als machte ich Notizen, um fürs Examen und fürs Leben zu lernen, fragte ich mich immer, was er mit dieser Frage wohl bezweckte. Vielleicht wollte er das Paar an ein letztes angenehmes Erlebnis erinnern? Und damit einen spontanen Versöhnungsversuch einläuten? Etwa so:

Frau: »Oh, weißt du noch, das war letzten Mai nach dem Fest bei Karin.«

Mann: »Richtig. Du warst so aufgedreht, dass wir gleich im Auto ...«

Sie unterbricht ihn: »Ja, zuerst im Auto und dann zu Hause im Flur ...«

Darauf er: »Du, das Auto hab ich noch!«

Sie: »Hast du's dabei?«

Er: »Tiefgarage!«

Sie: »Herr Richter, Sie entschuldigen uns kurz ...«, und ab durch die Mitte.

Schnaufer hätte beseelt die Akten schließen, das Ruhen des Verfahrens anordnen und sich für den Rest des Tages der Kleintierzucht widmen können. Aber so etwas ist leider nie passiert.

Stattdessen wurden betretene Blicke gewechselt und durch zusammengebissene Zähne irgendein Datum hervorgepresst. Eine Dame zückte sogar einmal ihren Terminkalender, um nachzuschlagen und dann mit einem Datum aufzuwarten, das keine vier Monate vor der Verhandlung lag. Ich war beeindruckt – Buchführung über Geschlechtsverkehrtermine war mir bis dato unbekannt. Der Sinn erschloss sich aber sofort – gerade im fortpflanzungsfähigen Alter kann es ja enorm hilfreich sein, den Überblick zu behalten über das Wann und Mit-wem.

Schnaufer jedenfalls bewies ungeahnte Geistesgegenwart und fragte sofort: »Wellet Se sich versöhna?«, was jedoch von beiden Eheleuten mit synchronem Kopfschütteln beantwortet wurde. Wieder eine Hoffnung auf schnelle Erledigung eines Falls zerschlagen.

Aber vielleicht war das auch einfach Schnaufers Art, höflich zu sein und ein bisschen Konversation zu betreiben. Wenn man verkatert ist oder gar noch Restalkohol im Blut hat, sieht man die Dinge ja manchmal aus einer etwas anderen Perspektive. Neugier als Motiv der Frage kann ich jedenfalls aus eigener Erfahrung ausschließen. Als Richter erfährt man ohnehin so viele Dinge von Menschen, die man nicht näher kennt, intime Dinge, Unangenehmes und Peinliches, das man niemals wissen wollte – da verzichtet man gern auf weitere, unerhebliche Fakten.

Ich möchte jedenfalls schwören, dass das Datum, das die Paare angaben, in 99 von 100 Fällen falsch war. Denn im Ernst: Wer erinnert sich schon datumsmäßig an den letzten ehelichen Verkehr? Der liegt in vielen Fällen schon so lange zurück, dass das Paar sich gar nicht mehr daran erinnern können kann. Was wiederum der Grund für viele Scheidungen sein dürfte.

Überraschenderweise habe ich es in keinem einzigen Fall erlebt, dass jemand gesagt hätte: »Das geht Sie nichts an und ist rechtlich irrelevant« – auch nicht die Anwälte. Offenbar waren alle davon überzeugt, dass der Zeitpunkt des letzten Verkehrs von entscheidender Wichtigkeit sei und die Verweigerung der Auskunft womöglich das Verfahren verzögern würde. Es gab auch nie unterschiedliche Angaben zu diesem Thema – wahrscheinlich wollte niemand eine Beweisaufnahme riskieren. Obwohl mich interessiert hätte, wie Richter Schnaufer reagiert hätte, wenn er einmal mit zwei verschiedenen Datumsangaben konfrontiert worden wäre. Hätte er die Nachbarn gefragt, die Kinder, die Waschfrau? Vermutlich hätte er die Diskrepanz der Aussagen mit seiner typisch schwäbischen Gerissenheit kommentiert: »Ha, wahrscheinlich sen boide Termine richtig – oimol isch koimol, ond zwoimol isch besser, gell?« (Auf Hochdeutsch: »Einmal ist keinmal, und zweimal ist besser.«)

DIE KRIEGSSCHAUPLÄTZE

Das Familienrecht wird laufend reformiert, revidiert und renoviert, ohne dass es im Ergebnis wirklich besser würde. Aber eines ist über die Jahre geblieben: Bevor man sich scheiden lassen kann, muss man, das ist allgemein bekannt, ein Trennungsjahr hinter sich bringen. Das ist sozusagen der Malefizstein, den der Gesetzgeber den Scheidungswilligen in den Weg legt als Mahnung: »Denke darüber nach, ob du dich wirklich scheiden lassen willst ... es kommt ja selten etwas Besseres nach.«

Wobei das mit dem Trennungsjahr zwar so im Gesetz steht, sich aber auch einfach umgehen lässt. Wenn Sie sich also zumindest über das eine noch einig sind, nämlich dass Sie geschieden sein wollen, dann können Sie sich im Kalender ein passendes Datum aussuchen und das übereinstimmend vortragen. Man kann die Trennung nämlich auch in der ehelichen Wohnung vollziehen – die berühmte Trennung von Tisch und Bett. Und selbst vorübergehende Versöhnungsversuche sind unschädlich – Sie können also durchaus zwischendurch miteinander frühstücken, auch im Bett, ohne dass Sie danach mit dem Trennungsjahr wieder von vorne beginnen müssen.

Früher war das Scheidungsverfahren noch viel komplizierter. Bis Anfang der 70er-Jahre des letzten Jahrhunderts musste im Verlauf des Verfahrens ermittelt werden, wer der Schuldige am Scheitern der Ehe war. Hei, das war ein Schlachten!

Damals muss es ein echtes Vergnügen gewesen sein, sich als Richter mit diesen Sachen zu befassen. Seitenweise wurden die feinsten Eheverfehlungen aufgelistet, Seitensprünge des Ehemannes, Perversionen, Verweigerung der ehelichen Pflicht durch die Ehefrau, Spielsucht, Alkohol, Verschwendung – dem Marquis de Sade wäre die Schamesröte ins Gesicht gestiegen, Henry Miller hätte angewidert den Blick abgewandt.

Nicht so die Scheidungsrichter. Damals waren es immer drei, denn die Landgerichte waren zuständig, und dort rotten sich die Richter regelmäßig in Dreierpäckchen zu sogenannten Kammern zusammen. Die konnten aufgrund der vorgetragenen Tatsachen feststellen, wer der Sauhund war, und den dann mit einem lebenslangen Bann belegen beziehungsweise mit Unterhaltspflichten, was im Ergebnis auf dasselbe herauskommt. Doch dann – zack! – gab es 1977 die Familienrechtsreform mit der Abschaffung des Verschuldensprinzips.

Inzwischen reicht es, wenn man vorträgt, die Ehe sei zerrüttet. Warum, interessiert heute niemanden mehr. Dabei wäre es manchmal sehr hilfreich, wenn genau darüber gestritten werden könnte:

Er: »Deine Kocherei war ganz einfach unausstehlich!«
Sie: »Am Anfang warst du ganz begeistert ...«
Er: »Nur aus Höflichkeit. Ich wollte dich rumkriegen. Und wenn ich dazu Lamm essen muss, ist das einmal ja o. k. Aber dann: Lammhaxe, Lammkotelette, Lammrollbraten, Irish Stew, geschmortes Lamm, gegrilltes Lamm, Lamm mit Spinat, Lammcarpaccio ...«
Sie: »Ich hatte extra bei deiner Mutter nachgefragt, was du magst!«
Er: »Lammschaschlik, Lammhackbraten, Lamm mit Tomate, Lamm in Pfefferminzsoße.«
Sie: »Sie hat mir ausdrücklich empfohlen, Lamm zu kochen!«
Er: »Lamm im Brotteig, Lammeintopf, gefüllte Lammbrust, Lammleber.«
Sie: »Sie hat mir das Rezeptbuch geschenkt: 148 Rezepte aus der Lammküche!«
Er: »Sie konnte dich nie leiden. Das war ihr Rezept, um uns auseinanderzubringen!«
Sie: »Das ist gelungen. Aber weißt du, was mich wirklich kränkt?«
Er: »Sag?«
Sie: »Dass du mich verlässt für eine Schafzüchterin!«

Stattdessen muss man das vorhandene Streitpotenzial auf andere Kriegsschauplätze übertragen. Intelligenterweise hat der Gesetzgeber all die anderen Kriegsschauplätze in das Scheidungsverfahren mit hineingepackt. Erst wenn an allen Fronten Ruhe ist oder einer der Kämpfer so sehr verwundet am Boden liegt, dass er sich nicht mehr regen kann, wird die Scheidung ausgesprochen. Und diese Kriegsschauplätze tragen würdige Namen: Zugewinnausgleich, Versorgungsausgleich, Hausratsauseinandersetzung, elterliche Sorge, nachehelicher Unterhalt – Pearl Harbour, Stalingrad und Verdun verblassen daneben.

»SIE HABEN DA SO PUNKTE …«: DER VERSORGUNGSAUSGLEICH

Egal, bei welchem Anwalt oder Richter Sie landen, einige Dinge sind immer gleich: Der Gesetzgeber hat sich den sogenannten Zwangsverbund ausgedacht. Das heißt, außer der schlichten Scheidung muss zwingend über andere Dinge auch entschieden werden. Derzeit ist das der Versorgungsausgleich. Das heißt, die Aufteilung der Versorgungsanwartschaften.

Der *was*?

Wussten Sie, dass Sie Versorgungsanwartschaften haben? Das hat fast jeder deutsche Staatsbürger, und es tut fast gar nicht weh. Na ja, ein bisschen schon, weil jeden Monat vom Gehalt etwas abgezogen und in die Rentenkasse einbezahlt wird. In der Rentenkasse liegt aber dann komischerweise kein Geld, da liegen Punkte – fast wie in Flensburg, nur dass es dort möglichst wenig, in der Rentenkasse aber möglichst viele sein sollten. Denn es gilt: viele Punkte, viel Rente. Also theoretisch. Vielleicht bleiben am Ende auch nur die Punkte, und das Geld ist irgendwo an europäischen Stränden baden gegangen – das weiß man heute noch nicht so genau. Obwohl: Eigentlich wissen es nur wir Normalsterblichen nicht so genau. Leute wie Norbert Blüm wissen es schon. Jeder kennt sein berühmtes Zitat: »Die Rente ist sicher.« Die wenigsten wissen aber, dass der Satz eigentlich noch weiterging. Vollständig hieß er: »Die Rente ist sicher … einmal nicht so hoch, wie wir heute denken.«

Was passiert nun in der Scheidung mit den Punkten? Nun, es ist ein bisschen wie bei Rabattmarken, die man auf diese Kundenkarten aufklebt oder elektronisch sammelt. Werden Sie auch bei jedem Einkauf gefragt, ob Sie »Treuepunkte« sammeln? Da gäbe es dann nämlich irgendwann ganz günstig ein Messerset oder Bettwäsche.

Nehmen wir ein einfaches Beispiel: Frieda und Markus lassen sich nach drei Jahren scheiden. In der Zeit hat Markus Vollzeit gearbeitet, gut verdient und 50 Punkte auf seinem Rabattkärtchen gesammelt. Frieda hat auch Vollzeit gearbeitet, aber (ich würde vorsichtig vermuten, weil sie eine Frau ist?) weniger verdient und hat nur 30 Punkte gesammelt. Gemeinsam haben sie also 80 Punkte.

Wegen des ehelichen Grundsatzes »Was dein ist, soll auch mein sein« gehören diese 80 Punkte ihnen also gemeinsam und werden jetzt gerecht verteilt: jedem 40 Punkte. Das heißt: Vom Kärtchen von Markus werden 10 Punkte abgerissen, und die bekommt Frieda. Jetzt hat jeder 40 Punkte.

Das ist der Versorgungsausgleich. Das Standardmodell. Es geht natürlich noch viel komplizierter. Betriebsrenten, Beamtenversorgungsanwartschaften, fiktive Versicherungszeiten, schuldrechtlicher Versorgungsausgleich und vieles mehr.

Der ehemalige Präsident des Amtsgerichts Stuttgart Helmut Borth ist ein ausgewiesener Kenner der Materie. Der hat ein richtig dickes Buch zu dem Thema herausgegeben, das masochistisch veranlagte Juristen kaufen und lesen. Allein die Überschriften in dem Buch lesen sich wie eine Auflistung mittelalterlicher Folterinstrumente, zum Beispiel: »Transferprobleme bei Durchführung der externen Teilung;

Berechnung der schuldrechtlichen Ausgleichsrente bei endgehaltsbezogenen Versorgungen; Gefährdung der schuldrechtlichen Ausgleichsrente wegen vorzeitiger Abfindung der Versorgung – einstweiliger Rechtsschutz; Rechtsprobleme der beschränkten Abänderung von Entscheidungen v.a. bei betrieblichen Altersversorgungen – verfassungsrechtliche Relevanz« usw.

Über jeden Punkt werde ich im Folgenden kurze Ausführungen von je fünfzehn Seiten machen, um Ihnen die Problematik in Grundzügen nahezubringen ... nein, das war nur ein Spaß, Sie dürfen das, wenn es unbedingt sein muss, natürlich im Original nachlesen.

Die gute Nachricht lautet – und das ist nicht nur für Sie als Scheidungswillige eine gute Nachricht, sondern auch für handelsübliche Familienrichter, für die das auch zu hoch ist: Es gibt ein Computerprogramm, in das man alle relevanten Daten einspeisen kann, und dann wirft es eine Zahl aus, und die schreibt man dann ins Urteil. Das Computerprogramm sagt uns also, welches Rabattkärtchen an welcher Stelle zerteilt werden muss und wer das abgerissene Stück bekommt.

Die schlechte Nachricht ist – und das ist jetzt für fast alle Scheidungswilligen eine schlechte Nachricht und vor allem für die, die es eilig haben: Der Weg bis zu diesem Computerprogramm ist lang. Zuerst einmal bekommen Sie einen Packen Formulare in die Hand gedrückt, den Sie ausfüllen müssen. Sie müssen Auskunft erteilen über den Versicherungsverlauf. Wann haben Sie wo welche Anwartschaften erworben? Oder auch: Wann haben Sie in welchem Geschäft Rabattmärkchen geklebt?

Es wird ein bisschen einfacher, wenn Sie immer ins gleiche Geschäft gehen – Stichwort Treuepunkte. Wenn man aber in unterschiedlichen Läden einkauft, womöglich in verschiedenen Städten oder gar verschiedenen Ländern, dann wird es schon schwieriger mit der lückenlosen Auskunft. Nicht jeder hat alle Unterlagen immer vollständig zur Hand – wir erinnern uns an den armen Mann mit der SMS von Schnucki. Seine Nochehefrau hat ihm zwar die Hemden auf den Gehsteig gelegt, nicht aber seine Buchhaltungsunterlagen aus 20 Jahren Berufstätigkeit. Was tun? Schließlich will er doch ganz schnell geschieden sein, damit Schnucki endlich Ruhe gibt.

Das Blöde an der Konstruktion ist: Sie wissen zwar, wann Sie wo Treuepunkte gesammelt haben, aber Sie wissen nicht, wie viele. Denn das Rabattheftchen haben Sie gar nicht selbst in Händen, es wird an verschiedenen Stellen für Sie geführt, und Sie selbst kriegen gar nicht mit, wie viele Punkte da schon drauf kleben.

Auch wenn Sie von der akkuraten Sorte sind und es Ihnen in angemessener Frist gelungen ist, die Auskünfte zum Versicherungsverlauf zu erteilen, muss Ihr Anwalt die Informationen erst ans zuständige Gericht schicken. Dann wird gewartet, bis der Gegner oder die Gegnerin auch die notwendigen Auskünfte erteilt hat. Und dann werden Anfragen an die Versorgungsträger geschickt.

Leider haben die nicht nur Ihren Fall zu bearbeiten. Stellen Sie sich einfach vor, da säße ein armer Sachbearbeiter, der die Rabattheftchen von ganz Deutschland in einem großen Schrank gesammelt hat. Und der muss jetzt versuchen, das Heftchen von Liesel Schmidt, die aber bis vor vier Jahren noch Liesel Müller hieß, zu finden.

Vielleicht hat der Sachbearbeiter von Liesel Schmidt Pech, und die Kollegen haben die Kiste mit den Schmidts wieder nicht richtig eingeordnet. Vielleicht muss er nach zwei gefundenen Rabattkärtchen immer erst einmal ein Zigarettenpäuschen machen. Vielleicht haben seine Kollegen auch einfach keine Ahnung und handhaben das Alphabet ganz anders als er – bei denen kommt immer »T« vor »U«, und das ist für Ihren Sachbearbeiter natürlich total verwirrend.

Irgendwo anders in Deutschland geschieht nahezu zur selben Zeit das Gleiche in Bezug auf das Rabattkärtchen Ihres Ehegespons. Durch die fast synchronen Handlungen zweier unmotivierter Sachbearbeiter, die sich noch nie gesehen haben, sich nicht kennen, ja vermutlich noch nicht einmal von der Existenz des jeweils anderen wissen, werden Sie einen bedeutenden Schritt näher an das Ende dessen geführt, was Sie einst als einen Bund fürs Leben eingegangen waren.

Nach rund drei Monaten ist es dann endlich vollbracht. Und wenn die Richterin dann von ihrer längeren Fortbildung wieder zurück ist, die Krankheit auskuriert und die während ihrer Abwesenheit angewachsenen vorrangigen Aktenberge abgearbeitet hat, wird es ernst: Sie greift zum Computerprogramm. Dass ich die Gerichtsperson in dieser Passage übrigens so mir nichts, dir nichts als Richterin bezeichne, hat übrigens nichts mit Diskriminierung zu tun, sondern mit Statistik. Die Zahl der bei Gericht beschäftigten Volljuristinnen steigt immer mehr an, und bald wird sich die deutsche Richterin fühlen wie beim Synchronschwimmen: die meiste Zeit unter Wasser und kein Mann in Sicht.

Also denn: Die Richterin greift sich die Akte, prüft alle Formalien, also im Wesentlichen, ob das Trennungsjahr abgelaufen ist, checkt ihren Terminkalender, überträgt die Zahlen aus dem Rabattheftchen in den Computer, bestimmt einen Termin zur mündlichen Verhandlung und drückt auf »Enter«.

Der Computer rattert ein wenig und wirft dann ein Schreiben aus, in dem Ihnen mitgeteilt wird, wann und wo Sie von wem zu welchem Preis geschieden werden.

Das mit dem Preis ist etwas verklausuliert dargestellt, indem die Versorgungsanwartschaftspunkte, die zu übertragen sind, angegeben werden, aber wir wissen ja inzwischen, was das bedeutet: Das Rabattheftchen wird beschnitten. Spätestens an dem Punkt fragen sich viele, ob es nicht besser gewesen wäre, mehr Treuepunkte im Supermarkt zu sammeln, anstatt zu heiraten. Das günstige Messerset könnte jetzt sehr hilfreich sein!

Man hat heute dank einer neu eingeführten Norm die Möglichkeit, wenn es besonders schnell gehen soll, die Abtrennung des Versorgungsausgleichs zu beantragen. Dann kann die Scheidung ausgesprochen werden, bevor über den Versorgungsausgleich entschieden ist. Das war zu der Zeit, als ich Familienrichterin war, noch nicht so, hätte aber mindestens in einem Fall enorm geholfen. Der Anwalt der Frau drängte von Anfang an sehr zur Eile, aber aus irgendwelchen Gründen kamen die Auskünfte ewig nicht zurück. Ich war schon leicht genervt über die dauernden Sachstandsanfragen, denn schließlich konnte ich den Versorgungsträger nicht eigenhändig in den Hintern treten. Ich verstand den Grund zur Hektik auch erst, als die Ehefrau einmal persönlich vorsprach: Sie war im 8. Monat schwanger und wollte unbedingt vor der Entbindung geschieden sein, um möglichst noch den Vater des Kindes zu heiraten.

Wäre das Kind nämlich vor der Scheidung zur Welt gekommen, hätte es laut Gesetz als eheliches Kind des Nochehegatten gegolten.

Wie's ausgegangen ist? Was glauben Sie? Wir sind bei der Justiz! Natürlich waren wir zu langsam, das Kind kam uns zuvor, und es brauchte dann ein gepflegtes Ehelichkeitsanfechtungsverfahren.

§ 6

DIE LIEBLINGSSPIELWIESE DER ANWÄLTE: DER UNTERHALT

Ihre Geliebte schaut Sie fragend an. Am Morgen sind Sie noch voll Elan zum Anwaltstermin losgezogen, los in eine neue Zukunft ohne Altlasten, dafür gemeinsam mit ihr und dem neuen Daimler, der ihr so gut gefallen würde. Abends kommen Sie zu Schnucki nach Hause mit Ringen unter den Augen und hängenden Schultern. Was ist geschehen? Nein, Sie wurden nicht von einem Omnibus angefahren – der Anwalt hat nur dazu geraten, den neuen SLK vorläufig noch nicht zu bestellen, weil die liquiden Mittel in absehbarer Zeit vermutlich in eine andere Richtung fließen werden.

Ihr größtes Problem: Wie sag ich's Schnucki? Mit Begriffen wie »Verlängerung des Betreuungsunterhalts wegen überobligatorischer Belastung«, »ehelicher Nachteil« und »konkreter Bedarfsberechnung« kann sie noch weniger anfangen als Sie selbst. Also halten Sie es schlicht und sagen ihr am besten zunächst nur: »Schnucki, wir haben doch uns und unsere Liebe – wofür brauchen wir den SLK?«

Was hat der Anwalt Ihnen denn nun offenbart? Er hat Sie eingeweiht in die wunderbare Welt des Unterhaltsrechts. Und da hat der Gesetzgeber in den letzten Jahren ordentlich gewütet.

Früher war's ja so: Wir hatten das Idealbild der Hausfrauenehe, also war klar, dass man die Frau nach der Scheidung vernünftig absichern muss, denn die hat nie gearbeitet und wird jetzt auch nicht mehr damit anfangen. Wozu hat sie sich jahrelang auf dem Tennisplatz abgerackert und halbe Wochen beim Friseur, bei der Massage und bei der Fußpflege verbracht, um für ihn attraktiv zu sein? Doch nicht, um jetzt ihrerseits wildfremden Frauen die Haare zu machen oder die Fußnägel zu lackieren, wie der Herr das jetzt gerne hätte, um Geld zu sparen. Dem Mann wäre es ja glatt egal, wenn sie die Kinder vernachlässigen würde, damit er für sein junges Flittchen mehr Geld übrig hat. Nein, nein, nein, man war sich einig: Die schwierige Aufgabe der Aufzucht von Kindern brauchte entspannte, gut manikürte, durchtrainierte Mütter. Die sogenannten ehelichen Verhältnisse sollten ihr weiteres Leben prägen. Also jetzt in finanzieller Hinsicht. Was ihr Mann sonst für Verhältnisse hatte, war an der Stelle uninteressant.

Das tat natürlich weh. Dem Mann jedenfalls. Die Zahnarztgattin, die sich bisher darauf beschränkt hatte, das Geld, das ihr Mann aus seinem Bohrturm nach Hause brachte, in mundgroße Stücke zu zerteilen und unter die Leute zu bringen, konnte nach der Scheidung gerade so weitermachen. Kein Mensch konnte von ihr verlangen, dass sie gar auf ihre einstige Ausbildung als Sprechstundenhilfe zurückgreift und arbeitet. Nein, mit solchen Fremdworten konnte und wollte man die Damen der Gesellschaft nicht behelligen.

Vor einiger Zeit aber hat sich das Bild vollständig geändert, und ich vermute stark, dass Herren wie Schröder oder Fischer als scheidungsmäßige Mehrfachtäter in hohem Maße daran beteiligt waren. Eigenverantwortung heißt heute das Stichwort, und grob vereinfacht, könnte man sagen: Nach der Scheidung muss heute jeder schauen, wo er bleibt. Sobald die Kinder aus dem Gröbsten raus sind – und laut Gesetzgeber sind sie das mit drei Jahren –, muss auch Mutti wieder arbeiten. Das geht völlig problemlos, weil ja jedes Kind Anspruch auf einen Kindergartenplatz hat, und wie wir alle wissen, gibt es Kindergartenplätze in Hülle und Fülle – vor allem Ganztagsplätze oder zumindest solche mit verlängerter Öffnungszeit. Und prächtig bezahlte Halbtagsstellen für Frauen mit ganz flexiblen Arbeitszeitmodellen gibt es auch flächendeckend, und die Arbeitgeber lecken sich nur so die Finger nach alleinerziehenden Müttern, die nach ihrem Erziehungsurlaub gänzlich erholt und entspannt wieder in den Arbeitsalltag zurückkehren möchten. Sollte ich dieses Buch eines Tages als Hörbuch herausgeben, so werde ich an dieser Stelle Glöckchen läuten lassen, damit klar wird: Wir sind angelangt im Nirwana der Gleichberechtigung.

Allerdings merke ich schon beim Schreiben dieser Zeilen: Irgendetwas kann nicht stimmen, denn mein Rechtschreibprogramm zeigt mir Fehler an bei den Worten: »Ganztagsplätze« und »alleinerziehend« – die Worte sind offenbar im allgemeinen Sprachgebrauch noch nicht angekommen. So wenig wie in der Realität, Gesetzgeber hin oder her.

Und wer muss es wieder richten? Genau: die Gerichte.

Und auf wessen Kosten? Richtig: auf Ihre.

Sie werden nämlich nicht so ohne Weiteres herauskriegen, wie viel Unterhalt Sie zu bekommen beziehungsweise zu bezahlen haben. Sie müssen das in langwierigen Gerichtsverfahren klären. Langwierig ist ja gut, wenn Sie derjenige sind, der bezahlen müsste – aber ganz schlecht, wenn Sie derjenige sind, der Geld bekommen sollte. Da gibt es Fälle, die gehen bis vors Bundesverfassungsgericht – und ich spreche hier von dem Bundesverfassungsgericht, das schon acht Wochen für eine Eilentscheidung braucht (wie beim Europäischen Rettungsschirm). Können Sie sich vorstellen, wie lange dann Ihr Unterhaltsrechtsstreit brauchen kann?

Dafür sind die Ergebnisse dann aber auch wirklich allererste Sahne. Hier zum Beispiel der Fall eines zu 50 Prozent schwerbehinderten Vaters. Der hatte ein geringes Einkommen und bezahlte nicht den vollen Unterhalt. Die unteren Gerichte hatten unterstellt, wenn er sich nur tüchtig Mühe gäbe, könnte er viel mehr verdienen – er gäbe sich aber nicht genug Mühe. Sie haben also ein »fiktives« Einkommen unterstellt und ihn zu höherem Unterhalt verurteilt.

Das Bundesverfassungsgericht oder BVerfG, wie wir Juristen sagen, hat dann am 18.6.2012 Folgendes entschieden:

Wird einem unterhaltspflichtigen Elternteil im Rahmen der Prüfung der Leistungsfähigkeit § 1603 I, II BGB ein fiktives Einkommen zugerechnet, erfordert dies zunächst die Feststellung, dass subjektiv Erwerbsbemühungen nicht in hinreichendem Umfang erfolgt sind.

Ferner muss das Gericht prüfen, ob der Unterhaltspflichtige bei Erfüllung der subjektiven Anforderungen objektiv die persönlichen Voraussetzungen zur Erfüllung seiner Erwerbsobliegenheit erfüllen kann. Insoweit sind vor allem seine berufliche Qualifikation, Gesundheitszustand und Alter, Erwerbsbiografie sowie die Arbeitsmarktlage einzubeziehen.

Zu Deutsch heißt das: Bevor wir so tun, als könne einer viel mehr Geld verdienen, als er tatsächlich verdient, müssen wir nicht nur prüfen, ob er nicht mehr Geld verdienen *will*, sondern auch, ob er womöglich gar nicht mehr Geld verdienen *kann*. Es könnte also im vorliegenden Fall durchaus sein, dass der zu 50 Prozent Schwerbehinderte auf dieselbe traumhafte Situation stößt wie alleinerziehende Mütter: Arbeitgeber, die sich mit ihren Lohnangeboten gegenseitig überbieten, um ihn anzuwerben – und es liegt letztlich nur an seiner individuellen Faulheit, dass er die Flut von Angeboten rüde ausschlägt. Da hat er dann nichts anderes verdient als ein fiktives Einkommen.

Zugegeben, viele Unterhaltsschuldner investieren einiges an Hirnschmalz auf die Klärung der Frage: »Wie kann ich mein Einkommen so reduzieren, dass es für mich gerade noch reicht, ich aber nichts mehr abgeben muss?« Dabei reicht das Schmalz selten für beide Aspekte. Die meisten verlieren die erste Bedingung aus den Augen und konzentrieren sich voll auf die zweite. Nichts mehr abgeben müssen? Also schnell den Job kündigen – ätsch, jetzt ist nichts mehr zu holen! Dafür hat man dann selber aber auch nichts mehr. Und wenn man Pech hat, gerät man an einen Richter, der die Sache durchschaut und wieder die Keule des fiktiven Einkommens auspackt.

Viel schöner als die Seite des fiktiven Einkommens, wo ja Geld herbeigerechnet wird, das gar nicht da ist, so wie das zurzeit andauernd in der EU passiert, ist die Seite der »konkreten Bedarfsberechnung«. Die konkrete Bedarfsberechnung kommt dort zur Anwendung, wo die Anwälte aus den schicken Altbaubüros tätig werden. Dort, wo in den Immobilienanzeigen steht: Preis auf Anfrage. Dort, wo Derrick-Krimis gedreht werden. In den eleganten Vorstadtvillenvierteln, wo so viel Geld da ist, dass der Unterhaltpflichtige nicht bereit ist, im Scheidungsverfahren zu offenbaren, wie viel es tatsächlich ist. Wir nehmen wieder willkürlich eine der beiden denkbaren Konstellationen – sie will Geld, er soll zahlen. Umgekehrt wäre auch möglich, kommt aber deutlich seltener vor. Das funktioniert dann so: Ihr hoch bezahlter Anwalt schreibt seinem hoch bezahlten Anwalt, er möge doch bitte zum Zwecke der Unterhaltsberechnung mitteilen, wie hoch das monatliche Einkommen seines Mandanten sei. Der Mandant verspürt keinerlei Lust, seine überaus üppigen Einkünfte, die er aus seinem Vorstandsposten bei einem großen Energieversorger und mehreren Aufsichtsratspöstchen bei befreundeten Unternehmen als Aufwandsentschädigung bezieht, offenzulegen. Dies vermutlich aus alter Gewohnheit: Denn warum sollte man der Ehefrau mitteilen, was man nicht mal dem Finanzamt im Detail offenbart. Aber auch aus Rücksicht auf die nervliche Verfassung des zur Entscheidung berufenen Richters, der bei Lektüre solcher Zahlen möglicherweise augenblicklich in tiefe Depression verfallen könnte. (Als ich zum ersten Mal eine Einkommensauskunft aus diesen Kreisen bekam, habe ich sofort eine freche Verfügung geschrieben, ich gratuliere zu den erfreulichen Beträgen, aber es solle doch bitte das *Monats*einkommen mitgeteilt werden – nicht das Jahreseinkommen. Erst beim zweiten Lesen wurde mir klar, dass es sich um das Monatseinkommen handelte, und ich versenkte meine Verfügung schnellstens im Papierkorb.)

Also lässt er seinen Anwalt kontern: Die Nochgattin möge doch konkret darlegen, wie hoch ihr monatlicher Geldbedarf sei – man erkläre sich bereits jetzt für leistungsfähig. Nun muss die Gattin im Einzelnen auflisten, wofür sie gedenkt, das Geld auszugeben. Neben den gewöhnlichen Kosten für Wohnen im Haupt- und Ferienwohnsitz, Kleidung, Essen, Versicherungen, Auto und Pferd finden sich dann auch Posten wie: Nagelpflege, Massagen und Personal Trainer. Nicht auszudenken, was geschähe, bekäme sie das Geld für Nagelpflege nicht – womöglich müsste sie den Pferdepfleger bitten, ihr die Krallen zu kürzen.

Das ist für unsereins nicht alltäglich, deshalb hier ein kurzer Auszug aus zwei Originalschriftsätzen, damit Sie sehen, wie schlüssig zuweilen in diesen Angelegenheiten argumentiert wird. Zunächst erwidert hier der Anwalt des Mannes auf die Aufstellung des Anwalts der Frau:

»... *Erstaunt hat uns doch die Position Kleider, die pro Monat den Betrag von 7435.– Euro erreicht, wobei hier noch eine Position Transportkosten zum Einkauf und zur Entsorgung von insgesamt 380.– Euro hinzukommt.*

Es müsste doch möglich sein, die saisonal erforderliche Garderobe im gewöhnlichen Kaufhaus während der dort üblichen Ausverkäufe zu reduzierten Preisen zu erwerben und dann eine Summe von 500.– Euro monatlich nicht zu überschreiten. Zusätzliche Transportkosten erschließen sich nun gleich gar nicht, zumal Ihre Mandantin weiter unten Anschaffungs- und Unterhaltskosten für den Porsche Cayenne geltend macht, die die hier genannte Summe um ein Vielfaches übersteigen ...«

Darauf repliziert der Anwalt der Dame:

»... *Mit seinen Einwänden gegen die Positionen für Kleidung offenbart der Kollege nicht nur einen erheblichen Mangel an Stil, Lebensart und Geschmack, sondern auch eine gehörige Portion Naivität.*

Die von meiner Mandantin bevorzugten Marken Chanel, Gucci und Fendi sind selbstverständlich im – wie der Kollege schon ganz treffend schreibt – »gewöhnlichen« *Kaufhaus nicht zu erwerben. Überdies kann meiner Mandantin die Teilnahme an Schlussverkäufen keinesfalls zugemutet werden. Wie stellt er sich das vor? Dass sie mit anderen Weibern um die Wette läuft, um sich vom Wühltisch eine Yves-Saint-Laurent-Ta-*

sche zu grabschen? Hinzu kommt, dass die Schlussver-
käufe, wie der Name schon sagt, am Schluss einer Sai-
son stattfinden. In den Kreisen, in denen sich meine
Frau Mandantin jedoch bewegt, ist es üblich, bereits
zu Beginn der Saison über die entsprechende Garde-
robe zu verfügen.

Bei der Berechnung der Transportkosten war meine
Mandantin noch sehr zurückhaltend. Früher hat sie
immer gerne Shopping-Touren in Paris, Mailand oder
Rom gemacht. Die Ausflüge zum Auftakt einer jeden
Saison und die persönlichen Begegnungen mit den
Designern stellten für sie immer eine willkommene
Abwechslung im ansonsten tristen Alltag mit Ihrem
Herrn Mandanten dar. Hierauf hat sie freiwillig ver-
zichtet und lediglich die Taxikosten für Fahrten in die
Innenstadt berechnet.

Der Einsatz des Cayenne kommt hierfür nicht in Be-
tracht, dies müsste sich selbst dem Herrn Kollegen aus
der Natur der Sache erschließen – oder haben Sie etwa
selbst schon einmal einen Platz in einem Innenstadt-
parkhaus ergattert, auf dem man sich nicht zwangs-
läufig den Lack oder den Außenspiegel zerkratzt? Ich
versichere hiermit anwaltlich, dass der Einsatz eines
Taxis für Einkaufsfahrten im Vergleich zu den Repa-
raturkosten die deutlich kostensparendere Variante
ist ...«

Die Versuchung ist an dieser Stelle groß, eben kurz die Ak-
tenzeichen zu vertauschen und der Dame die Entscheidung
für die alleinerziehende Mutter von drei Kindern zukommen
zu lassen: 345.– Euro monatlich für die nächsten zwei Jahre –
aber solch kindisch-sozialneidischen Impulsen widersteht

die objektive Richterin natürlich milde lächelnd, während sie sich mit einer gewöhnlichen Feile die Nägel stutzt.

§

ZUM GLÜCK EHER SELTEN: DIE HAUSRATSAUSEINANDERSETZUNG

Machen Sie im Geiste mal eine Liste mit allen Dingen, die sich in Ihrem Haushalt befinden:

1 Kommode 5 Schubladen, braun
1 Kommode 3 Schubladen, weiß
2 Nachttische, Kirschholz
2 Nachttischlampen
3 Laken (blau, grün, grau gemustert)
1 Bett, Kirschholz massiv 160 × 200
1 Schrank, Türen weiß, usw…

So, und jetzt versuchen Sie, diese Gegenstände gerecht auf zwei Personen zu verteilen.

Also jeder eine Kommode, jeder ein Nachttisch, jeder ein Laken. Schon beim dritten Laken hakt es, nicht wahr? Aber da werden wir uns noch einig – klar, dass der Mann das dritte bekommt, denn der wäscht nicht so oft und braucht deshalb einen größeren Vorrat an Frischwäsche. Die Frau bekommt dafür einen Ausgleich. Vielleicht den einzigen Bodenschrubber, denn sie ist eh die Einzige, die damit umgehen kann. Was macht man mit dem Bett, das einen stabilen Rahmen hat? Auseinandersägen? Und die Matratze in den kuscheligen Maßen 160 × 200?

Was macht man mit den Büchern, mit den CDs, mit den (hier sind die Älteren angesprochen) Schallplatten? Wohl dem, der von Anfang an seine Namensaufkleber auf dem Cover hatte und deshalb belegen kann, dass er die Sachen mitgebracht hat.

Was ist aber mit den gemeinsam angeschafften Dingen? Das Problem hat der Gesetzgeber auch gesehen und es ziemlich perfide gelöst. Wenn Sie nämlich einen Gegenstand – sagen wir: einen alten Röhrenfernseher – mit in die Ehe gebracht haben, und der ist irgendwann kaputtgegangen, und man hat einen neuen, schicken Plasmaflachbildfernseher mit integriertem Festplattenrekorder angeschafft, dann gehört der automatisch Ihnen, dem früheren Röhrenfernseherinhaber. Das gilt genauso für die alte Mitropa-Kaffee-Maschine, die Sie zum Haushalt beigesteuert haben. Wenn inzwischen ein moderner Kaffee-Vollautomat gekauft wurde, der Bohnen röstet, mahlt und brüht, bevor er selbsttätig Milch nicht nur aufschäumt, sondern sogar die Kuh melkt, dann dürfen Sie den als Hauptgewinn mitnehmen. Hier empfiehlt sich also ein kleines Inventar zu Beginn der Ehe, und man kann einen Teil des alten vorehelichen Hausrats auf Kosten der Gemeinschaftskasse etwas aufhübschen. Und wenn es beim Zusammenlegen der Haushalte darum geht, wessen alte Stereoanlage man künftig nutzt: Bestehen Sie darauf, dass es Ihre ist, egal, wie sehr die Boxen auch scheppern. Das neue Modell von Bang & Olufsen wird Ihr Lohn sein.

Zu den aufzuteilenden Haushaltsgegenständen gehören auch Vorräte – also Lebensmittel, Brennstoffe –, nicht aber ein mit wertvollen Weinen gefüllter Weinkeller, wenn nur einer von Ihnen die Weine ausgewählt, angeschafft und gepflegt hat. So hat jedenfalls das Amtsgericht München im Jahr 2011 entschieden. Man kann sich zu Recht fragen, was das Amtsgericht in der Hauptstadt des Bieres überhaupt von

Wein versteht. Aber die Begründung lässt sich hören. Der Weinkeller enthielt 1500 exquisite Flaschen Weins und war das Letzte, worüber die Eheleute noch stritten – für alle anderen Streitpunkte hatten sie bereits eine einvernehmliche Lösung erzielt. Die Frau hatte Anspruch auf einen Ausgleich für den Weinkeller erhoben, allerdings eingeräumt, dass der Mann die Weine alleine ausgesucht und erworben habe und auch alleine entschieden habe, welche Weine wann getrunken wurden. Sie selbst habe lediglich gelegentlich mitgetrunken, allerdings keinen Zugang zum Weinkeller gehabt.

Das Gericht entschied gegen sie, da unter diesen Voraussetzungen das Betreiben des Weinkellers für den Mann eine Liebhaberei gewesen sei und eben kein Haushaltsgegenstand. Ich gehe davon aus, dass der zuständige Richter sich von der Hochwertigkeit der Flaschen vor Ort ein Bild gemacht und einen Augen-, Nasen- und Zungenschein durchgeführt hat. Die Entscheidung liest sich entsprechend beschwingt. Schlecht für die Frau, die einfach viel früher hätte anfangen sollen, den Wein gemeinsam mit ihrem Mann zu trinken – wer weiß, vielleicht wäre dann das ganze Scheidungsverfahren unnötig gewesen.

Hochzeitsgeschenke dagegen gehören in der Regel beiden zu gleichen Teilen. Sie sind also gerecht aufzuteilen oder entsprechend auszugleichen. Den röhrenden Hirschen auf dem Kaminsims können Sie also nicht einfach dem Gatten aufs Auge drücken – wenn er ihn nehmen soll, müssen Sie als Ausgleich dafür wenigstens die Zinnteller von Tante Grete nehmen.

Beim großen Meißner Porzellanservice ist es einfach – es hat genügend Teile, sodass man die gut auseinanderdividieren kann. Eine Bekannte von mir bekam allerdings ausgerechnet beim Aufteilen des Porzellans einen handgreiflichen Streit mit dem Gatten, sodass aus dem Aufteilen leider ein Auffegen wurde.

Auch Haustiere gehören zum Hausrat. Hier wird es manchmal schlimm, und nicht wenige Tiere landen als Scheidungswaisen im Tierheim, weil keiner der Kontrahenten künftig eine Wohnung haben wird, wo der Bernhardiner artgerecht gehalten werden kann. In meinem Fall erklärte die Frau rigoros, sie würde niemals auf Sir Duke verzichten, die kleine Promenadenmischung sei ihr Ein und Alles. Das war dem Mann klar, und er wäre als ganztags beschäftigter Bankkaufmann auch gar nicht in der Lage gewesen, sich um das Tier ordentlich zu kümmern. Aber die abendlichen Spaziergänge vermisse er doch sehr. Sie tauschten eine Zeit lang Argumente aus, die ich sonst nur in Sorgerechtsverfahren zu hören bekam. Da war vom Wohl des Hundes die Rede, von tiefer emotionaler Bindung und wortlosem Verstehen aufseiten des Mannes. Die Frau musste einräumen, dass Sir Duke auch gewisse Anzeichen des Vermissens zeige, befürchtete aber, der Mann würde ihr den Hund entfremden, ihn ganz falsch erziehen und viel zu sehr verwöhnen – kurz, die Sache verlangte nach einer Umgangsregelung. Nach langer, ausführlicher Diskussion einigte man sich auf eine vorläufige Umgangsreglung, die vorsah, dass der Mann Sir Duke zweimal die Woche – montags und mittwochs – zwischen 19 und 21 Uhr Gassi führen durfte, ihn dabei aber an der Leine führen und auf Fütterung verzichten musste. Im Gegenzug versprach der Mann, die Tierarztrechnungen zur Hälfte zu übernehmen. Ich war etwas enttäuscht, dass mein Vorschlag, die Sommerferien hälftig zu teilen und die Weihnachtsferien im jährlichen Wechsel zu gestalten, abgelehnt wurde, andererseits war ich froh, den Hund nicht befragen zu müssen. Die Regelung scheint gehalten zu haben, jedenfalls habe ich von den dreien nie wieder gehört.

DER ZUGEWINNAUSGLEICH

Judex non calculat – schon die alten Römer wussten, dass Richter nicht gerne rechnen. Die meisten können es auch nicht wirklich gut, was vermutlich daran liegt, dass sie nicht wie Rechtsanwälte Rechnungen für ihre Tätigkeit schreiben müssen, sondern ihr Gehalt automatisch überwiesen bekommen.

Jedenfalls kann man Richter leicht mit komplizierten Berechnungen und Zahlenkolonnen verwirren, und Anwälte tun das auch mit wachsender Begeisterung.

Dabei ist der Zugewinnausgleich eigentlich ganz einfach. Das Anfangsvermögen wird vom Endvermögen abgezogen, und die Hälfte der Differenz ist auszugleichen.

Sie listen also einfach auf, was Ihnen zu Beginn der Ehe gehört hat. Dann das, was Ihnen am Ende der Ehe gehört. Dann ziehen Sie den ersten Wert vom zweiten ab und vergleichen das Ergebnis mit dem Ihres Gatten. Derjenige, der mehr hat, muss die Hälfte der Differenz davon an den anderen abgeben. Total einfach.

Gut – der Anfangswert muss natürlich indiziert werden, weil sich die Kaufkraft im Lauf der Zeit verändert hat. Ein Haus, das im Jahr 1980 100 000,– DM gekostet hat, würde heute natürlich viel mehr kosten. Aber für diese Umrechnung gibt es Tabellen, das geht schon. Und dann weiß man eventuell auch nicht mehr genau, was man damals eigentlich besessen hat – aber bitte, so ein wenig Ordnung in den

Unterlagen muss ja schon sein. Andererseits spricht das dafür, sich lieber gleich nach wenigen Jahren wieder scheiden zu lassen – nach langer Ehe vergisst man zu viel.

Manchmal kann es zu klitzekleinen Bewertungsschwierigkeiten kommen, wenn etwa ein Unternehmen in den Zugewinnausgleich fällt – der Wert von zum Bespiel Atomkraftwerken schwankt zurzeit doch ganz gewaltig.

Und dann gibt es auch noch so böse Menschen, die versuchen, ihr Vermögen absichtlich zu reduzieren, um dem Ehepartner den Ausgleich vorzuenthalten. Da ist es dann natürlich gut, wenn man den Überblick über die Vermögenswerte hat – mein Tipp ist da immer: regelmäßig die Unterlagen kopieren auch bei bestehender Ehe; wenn man's dann nicht braucht, weil die Ehe gut läuft, umso besser. Aber wie meine Mutter immer sagt: Trage immer deine Sporen, du weißt nie, wann dir ein Pferd begegnet.

Wer halbwegs seine Zwetschgen beisammenhat, streitet um den Zugewinnausgleich nicht vor Gericht. Bis man nämlich durch sämtliche Instanzen gegangen ist und die Anwälte währenddessen durchgefüttert hat, ist der Ausgleichsanspruch dahingeschmolzen wie Butter in der Sonne – beziehungsweise ziert die Butter nun das Brötchen des Anwalts, dafür strahlt sein Gesicht wie die Sonne selbst.

Ein sich für besonders clever haltender Anwalt verbreitet über seine Webseite den Tipp, sich vom Anwalt eine Vorschusskostennote geben zu lassen und diese »schnell und gern« zu bezahlen. Dies mindere den Zugewinn, und der Ehepartner zahle über den Zugewinn einen Teil der Anwaltskosten. Besonders effektiv ist dieser Tipp, wenn das beide tun – zwei Anwälte freuen sich über satte Gebühren, und die Differenzrechnung wird zum Nullsummenspiel. Viel sinnvoller könnte es sein, gerade wenn ordentlich Geld im Spiel ist, einen Steuerberater zurate zu ziehen und sich friedlich zu einigen.

Und überlassen Sie die komplizierten Berechnungen bloß nicht dem Richter – wie gesagt, RICHTER KÖNNEN NICHT RECHNEN!

Das Landgericht Nürnberg-Fürth hatte einen Fall mit einem besonders dreisten Kläger. Der machte einen Zugewinnausgleichsanspruch geltend gegen die Erben seiner Frau. Die Frau hatte er zuvor – wie das Gericht so schön sagt – »widerrechtlich« getötet, indem er ihren Kopf so lange unter Wasser hielt, bis sie aufhörte zu strampeln. Seit ich die Entscheidung gelesen habe, sinniere ich darüber nach, ob es auch einen Fall der »rechtmäßigen« Tötung gegeben haben könnte. Vielleicht wenn durch Sachverständigengutachten zuvor geklärt war, dass die Frau nichts anderes als den Tod verdient hat? Wenn Ihnen dazu etwas einfällt, schreiben Sie mir!

In diesem Fall allerdings mussten die Richter nicht viel rechnen. Sie entschieden, dass ein Zugewinnausgleich zwar nicht nur bei Scheidung möglich sei, sondern auch bei der Beendigung der Ehe durch Tod, dass der Anspruch in diesem Fall aber abzulehnen sei als grob unbillig.

Wenn Sie sich also Ihren Zugewinnanspruch erhalten wollen: Lassen Sie Ihren Ehepartner leben!

DIE ELTERLICHE SORGE

Der Lieblingswitz meiner Mutter geht wie folgt: Kommt ein Paar zum Anwalt und trägt den Wunsch vor, sich scheiden zu lassen. »Was ist das Problem?«, fragt der Anwalt.

Sie antwortet: »Das Problem sind die Kinder ... (der Anwalt nickt wissend) ... er will sie nicht, und ich will sie auch nicht!«

Was mich an dem Witz stutzig macht, ist, dass ausgerechnet *meine* Mutter ihn immer wieder erzählt ...

Auch der frühere Oberbürgermeister von Stuttgart, Manfred Rommel, gab zu diesem Thema gerne einen Witz zum Besten: Kommt ein hochbetagtes Paar zum Anwalt und will sich scheiden lassen. Fragt der Anwalt: »Warum denn jetzt noch – Sie sind doch beide über 80?« Sagt der Mann: »Wissen Sie, Herr Anwalt, wir konnten uns noch nie ausstehen – wir wollten nur warten, bis die Kinder tot sind.«

Damit hat es sich aber auch schon mit Witzen. Das Thema ist nämlich nicht lustig.

Diejenigen, die sich hier lustige Anekdoten oder launige Tipps erhoffen, wie man der Auseinandersetzung mit dem oder der Ex über die Kinder noch ein bisschen mehr Pfiff verleihen kann, muss ich leider enttäuschen.

Kinder leiden unter einer Scheidung der Eltern, und sie brauchen auch nach der Trennung einen möglichst intensiven und harmonischen Kontakt zu beiden Elternteilen. Und jedem, der versucht, die Kinder als Munition im Scheidungskampf zu missbrauchen, mögen bitte augenblicklich Weißwürste aus der Nase wachsen. Punkt.

SCHEIDUNG AUF DEM STERBEBETT

Der kurioseste Fall eines Scheidungsverfahrens ist mir Ende der 90er-Jahre begegnet. Ein Mann, zum damaligen Zeitpunkt 89 Jahre alt, rief ein Scheidungsverfahren wieder an, das seit dem Jahr 1969 ruhte. Das heißt, das Verfahren wurde seinerzeit nicht beendet, der Antrag war aber auch nicht zurückgenommen worden.

Es mussten aus den Tiefen des Gerichtsarchivs die staubigen, vergilbten Akten beigezogen werden, und es zeigte sich: Die Ehefrau, streng katholisch, hatte sich über Jahre hinweg mit Händen und Füßen gegen eine Scheidung gewehrt.

Die Eheleute hatten bereits mehrere Jahre getrennt gelebt, aber eine Scheidung kam für die Frau nicht infrage. Im Laufe der Zeit hatten sich die beiden im getrennten Status offenbar eingerichtet und die Scheidung vermutlich einfach vergessen. Nunmehr, im Alter von 89 Jahren, rief der Mann das Verfahren wieder an und wollte geschieden sein.

Das Verfahren gestaltete sich schwierig, weil die Frau inzwischen in einem Pflegeheim lebte und gar nicht klar war, ob sie überhaupt prozessfähig war. Leider konnte ich wegen eines Ortswechsels das Verfahren nicht zu Ende führen, wollte aber vorher meine persönliche Neugier befriedigen. Also rief ich den Anwalt des Mannes an und fragte, warum dieser das Verfahren denn nach all den Jahren jetzt noch betreiben wolle. Er konnte mir zunächst auch keine griffige Erklärung liefern, da er den Auftrag telefonisch bekommen hatte und den Mandanten persönlich noch gar nicht kannte. Aus den Akten wusste ich, dass die Ehefrau, die streng katholisch erzogen war, sich aus religiösen Gründen gegen die Scheidung gewehrt hatte. Sie argumentierte, dass sie kirchlich geheiratet hätten, und zitierte den Satz: Was Gott zusammengefügt hat, soll der Mensch nicht trennen.

Der Anwalt und ich vermuteten, dass ursprünglich auch ein ganz klein wenig Bosheit dabei gewesen war, um den Mann an einer neuen Eheschließung zu hindern.

Natürlich hatten wir im Kollegenkreis bereits die wildesten Überlegungen angestellt, warum der alte Herr sich in diesem Alter noch scheiden lassen wollte. Wir hatten angenommen, es müsste *auf jeden Fall eine neue Frau im Spiel sein,* und malten uns aus, dass es sich bei dem Kläger sicher um einen fitten Lustgreis à la Jopie Heesters handelte, der seine blutjunge, 45-jährige Geliebte geschwängert hatte und nun von ihr zur Ehe gedrängt wurde, damit sein stattliches Vermögen in die richtigen Hände gerate. Besonders die männlichen Kollegen waren von dieser Vorstellung sehr angetan. Die einen waren neugierig auf diesen Ausbund an Manneskraft und überlegten, wie sie ihm sein Geheimnis immer während Vitalität entlocken konnten. Die anderen schwadronierten darüber, dass all das ohne pharmazeutische Hilfe gar nicht möglich sei.

Die Lösung war leider gar nicht so amüsant, ja fast ein wenig traurig. Wie der Anwalt mir einige Tage später telefonisch mitteilte, war sein Mandant tatsächlich eher kränkelnd und wollte schlicht seine Angelegenheiten regeln, bevor er das Zeitliche segnete. Dazu gehörte offenbar, so die Deutung des Anwalts, dass er ohne den Ballast der ungeliebten Frau vor seinen Schöpfer treten konnte. Leider war die Justiz nicht schnell genug, um ihm diesen Gefallen tun zu können – er verstarb vor dem Ende des Verfahrens.

GEHT'S AUCH OHNE SCHEIDUNG?

Klar, meckern kann jeder. Aber wir wollen die Welt ja auch etwas besser machen und haben darum konstruktive Vorschläge entwickelt, um die Scheidungsmisere zu umgehen.

Die Frage lautet also: Wie kann man die hohe Zahl an Scheidungen vermeiden?

Eine Antwort könnte sein: Wir müssen die Leute davon abhalten zu heiraten, denn keine Heirat, keine Scheidung.

Aber wie? Es hält sich ja nachhaltig das Gerücht vom »schönsten Tag des Lebens«, und selbst ansonsten recht vernunftbegabte junge Damen bekommen feuchte Augen, wenn sie an Brautkleiderläden vorbeigehen und sich vorstellen, dass sie dereinst selbst als Prinzessin verkleidet vor dem Traualtar stehen könnten. Einen Tag in einem zum Kleid gewordenen Sahnebaiser verbringen zu können scheint für viele der Gipfel der Wünsche zu sein.

Auch junge Männer verschleißen weit vor der Zeit ihre Gelenke, wenn sie den Kniefall vor der Angebeteten üben. Keine Inszenierung ist zu aufwändig, keine Reise ist zu weit, um schon dem Antrag den nötigen Glamour zu verleihen. Die Konventionellen tun's in Paris, die Sportlichen im Iglu-Hotel in Zermatt und die Betriebswirte auf den Malediven. Gerne ist Champagner mit im Spiel und ein Brilli von Tiffany.

Kaum hat sie ihr »Ja« gehaucht, herrscht Ausnahmezustand in der Beziehung – die Hochzeit wird geplant.

Was sich aber die wenigsten klarmachen: Heiraten bedeutet nicht nur Hochzeit, sondern in den allermeisten Fällen anschließend dann eben auch: Ehe.

Was also tun? Nun ja, das Instrumentarium liegt bereit, man muss es nur richtig anwenden. Vor die *Scheidung* hat der Gesetzgeber das Trennungsjahr gesetzt – warum also nicht vor die *Heirat* etwas Entsprechendes?

Ein Jahr Pflichtverlöbnis zum Beispiel. Verbunden mit der Auflage, während dieser Zeit zusammenzuleben. Die frühzeitige Konfrontation mit herumliegenden Socken,

Streit um die Fernbedienung, unterschiedliche Handhabung der Entleerung von Zahnpastatuben – ich meine hier die unüberbrückbaren Gegensätze von Quetschen und Aufrollen. Dieser Konflikt wurde zwar dankenswerterweise von der Zahnpastaindustrie mittlerweile weitgehend entschärft, indem Kopfstandtuben produziert werden, die ein Auspressen unnötig machen, gleichwohl kommt es auch hier zu unterschiedlichen Standpunkten hinsichtlich der Zweckmäßigkeit und des zeitlichen Einsatzes des Drehverschlusses. Immer wieder vertrocknen halbe Tuben des teuren Materials, nur weil einer vergisst, den Deckel wieder draufzuschrauben.

Streitereien über den korrekten Umgang mit Klodeckeln und -brillen, all das könnte schon in einem frühen Stadium für Klarheit sorgen. Gelegentliche Besuche der ortsansässigen Sozialarbeiterin, die düster fragt: »Und – wollt ihr immer noch heiraten?« inklusive. Besonders gut ausgebildete Sozialarbeiter würden raunen: »Er wird sich nicht ändern, im Gegenteil, es wird im Alter immer schlimmer!« oder »Hast du dir deine Schwiegermutter genau angesehen? Deine Braut wird genauso – vielleicht sogar dicker!«

Sie werden nun einwenden wollen, dass die meisten Brautleute heute schon zusammenwohnen, bevor sie heiraten. Das ist aber nicht dasselbe. Dieses voreheliche Zusammenwohnen, Zusammenwirtschaften, Zusammenleben hat in den meisten Fällen etwas Spielerisches – gleichsam eine Fortsetzung des Sandkastenspiels Mutter-Vater-Kind mit echtem Geschirr. Die meiste Zeit ist man mit dem Nestbau beschäftigt – sprich mit ausführlichen Einkaufstouren zum Einrichtungsmitnahmemarkt inklusive anschließender Hotdoggelage. Dann werden die neuen Möbel jeweils eingeweiht mit den versammelten Freunden, und wenn einer der Freunde eine Flasche Rotwein auf dem Flokati-Teppich umkippt, wird das eher als Partygag verstanden denn als Katastrophe – schließlich war der Wein nur Valpolicella vom Lidl und der Flokati ein Schnäppchen. Das alles ist immer noch ein großer Spaß, ein Ausprobieren, ein Probeturnen.

Ganz anders, wenn das Verlöbnis zur Pflicht wird. Da gibt es kein Entrinnen mehr. Alles, was sich heute ereignet, wird sich ein Leben lang so ereignen. Es wird jetzt hochgerechnet auf Lebenszeit, und vor dem geistigen Auge mutiert jede harmlos herumliegende Socke zum unüberwindlichen Berg schmutziger Wäsche, jeder verschüttete Tropfen Valpolicella wird zum wilden Fluss, der das künftige Eigenheim, den Wohlstand, ja das Lebensglück in seinen Fluten mit sich reißt.

Ist er abends zu müde zum Ausgehen? Oh Gott, er ist ein träger, spießiger Langweiler geworden.

Sie hat Migräne? Frigide, klar!

Während beim spielerischen Zusammenleben solche Dinge als liebenswerte Eigenheiten des jeweils anderen gerne übersehen oder zur Seite gewischt werden, fallen sie beim Pflichtverlöbnis umso stärker auf, denn: Das bleibt ja jetzt so.

Die Hoffnung, der andere werde sich schon noch gemäß den eigenen Wünschen ändern, wenn es erst einmal »ernst« würde, schwindet schnell, wenn man weiß, dass es bereits »ernst« ist.

Viel Elend könnte so verhindert werden.

Aber nein – man lässt die Menschen ungeprüft und unbelehrt in die Ehen hineinstolpern. Es reicht, über 18 Jahre alt und zum Zeitpunkt der Eheschließung nicht gerade bewusstlos oder im Zustand einer vorübergehenden Störung der Geistestätigkeit zu sein, so bestimmt es § 1314 BGB. Nun: Bewusstlos sind die wenigsten, wenn sie beim Standesamt auftauchen. Gelegentlich hört man von Schwiegermüttern, die vor lauter Glück das Bewusstsein verlieren, aber bei den Eheschließenden selbst ist zwar häufig ein gewisser Restalkoholpegel vom Polterabend mit im Spiel, aber eine komplette Bewusstlosigkeit ist schwer vorstellbar. Aber das BGB ist immerhin auch schon über 100 Jahre alt – wer weiß, in welchem Zustand damals Ehen geschlossen wurden.

Womöglich war es damals üblich, den Bräutigam morgens zu chloroformieren, ihn in einen Frack zu stecken und ihn dann zum Standesbeamten schleifen. Der wiederum wunderte sich gar nicht, dass dem Bräutigam bei der Unterschrift die Hand geführt werden musste, denn die Fähigkeit zum Lesen und Schreiben war damals wie heute nicht flächendeckend verbreitet.

Bei der »vorübergehenden Störung der Geistestätigkeit« würde ich bei heiratswilligen Menschen meine Hand nicht ins Feuer legen. Verliebtheit ist leider immer noch eines der häufigsten Motive, die zur Eheschließung führen. Verliebtheit aber beruht, wie wir alle wissen, auf einer entgleisten Hormonproduktion – und eine Störung der Geistestätigkeit liegt im Hormonrausch allemal vor. Um das festzustellen, muss man nur die paarinterne Konversation belauschen und sich fragen, ob voll zurechnungsfähige Menschen Dinge wie: »Mäusilein, komm, gib ein Bussi aufs Schnäuzi von deinem Hasibutzi« säuseln würden. Und vorübergehend ist diese Störung meistens auch. Gut erkennbar an der Größe der verbal zum Einsatz kommenden Tiere. Das Mäuslein wandelt sich zur Gans und später zur Kuh, aus dem Hasibutzi wird ein Hammel, Hirsch oder Hausschwein – eine Metamorphose, die sich biologisch sehr schwer, soziologisch nur allzu leicht erklären lässt.

Wollte man es wissenschaftlich ausdrücken, könnte man sagen: Das Wachstum der Tiere verhält sich umgekehrt proportional zum Hormonpegel im Blut oder kurz: Liebe klein, Tier groß.

Dies ist der Grund, warum man dann irgendwann vor dem Scheidungsrichter landet. Das könnte häufig vermieden werden, wenn man sich zum Pflichtverlöbnis durchringen könnte.

Während der Zeit des Verlöbnisses hätten die Tierlein schon eine Chance zu wachsen, und vor dem Altar stünden mindestens schon ein ausgewachsener Schafsbock und eine Ziege – die rosaroten Schäfchenwölkchen hätten sich bereits mausgrau eingefärbt, und die Beteiligten wüssten: Er räumt seine Köttel nie selber weg, und sie blökt gerne stundenlang ins Telefon, dafür liegen die Gärten nebeneinander, und gemeinsam lässt sich besser grasen. Das sind vernünftige Perspektiven – die Ehe könnte Bestand haben.

DER ANTRAG AUF VERLÄNGERUNG

Schon vor Jahren habe ich mit befreundeten Juristen ein Modell entwickelt, das der menschlichen Natur in hohem Maße entspricht. Ausgehend von der Tatsache, dass die körperliche Anziehung zwischen den Eheleuten nach zwei bis drei Jahren automatisch nachlässt, die Brutpflege aber noch ein gewisses Maß an Solidarität erfordert, haben wir vorgeschlagen, die Ehe automatisch nach sieben Jahren enden zu lassen. Das hätte gleich mehrere Vorteile: Die Institution der Ehe verlöre ihren Schrecken, da sie nicht mehr »lebenslänglich« halten muss. Die verletzenden, langwierigen und teuren Scheidungsverfahren entfielen ganz. Die Geburtenzahl würde wieder steigen, da man sich nach Ablauf der ersten Ehe wieder neue Partner suchen würde, mit denen ein erneuter Fortpflanzungsdrang entstünde – von der absolut wünschenswerten maximalen Durchmischung des Erbguts ganz zu schweigen. Die Gesellschaft würde bunter, jünger und glücklicher.

Für die wenigen Ausreißer, die, Graugänsen gleich, das Bedürfnis nach längerer Gemeinschaft haben, könnte man ein gerichtliches Verlängerungsverfahren einführen. Dort könnte einmalig die Verlängerung der Ehe um weitere sieben Jahre beantragt werden.

Leider konnten wir uns mir unserem Vorschlag nicht durchsetzen. Insbesondere die Anwaltschaft befürchtete, durch den Wegfall der Scheidungsverfahren um eine wesentliche Einnahmequelle gebracht zu werden, die durch die weit geringere Zahl an Verlängerungsanträgen nicht aufgefangen werden könnte.

EHE LIGHT

Tatsächlich gibt es bereits heute ein Modell, mit dem man quasi folgenlos eine Ehe eingehen kann. Es heißt ganz einfach: Ehevertrag.

Mit einem Ehevertrag lassen sich alle negativen Folgen einer Ehe vertraglich von vornherein ausschließen. Also Ausschluss des Versorgungsausgleichs – nix mit Aufteilung der Punkte. Ausschluss des Zugewinnausgleichs – Finger weg von Auto, Haus und Boot. Ausschluss des nachehelichen Unterhalts und so weiter.

Eine junge Frau aus sehr reicher Familie sagte mir einmal, in ihrer ersten Ehe habe sie einen wasserdichten Ehevertrag gehabt, und die Scheidung sei so einfach gewesen wie »Schluss machen« in Teenagertagen.

Komischerweise können sich nur wenige Paare dazu durchringen, einen Ehevertrag zu schließen. Häufig wird es als unromantisch empfunden, das Scheitern von Anfang an in Betracht zu ziehen. Besonders unromantisch wird es, wenn kontrovers über den Inhalt des Vertrags verhandelt wird. Ein entfernter Bekannter von mir – erfolgreicher Chirurg mit gut dotierter Stellung – konnte erst nach mehrwöchigen, zähen Verhandlungen über seinen Anwalt eine Einigung mit der Anwältin seiner Verlobten über die Modalitäten des Ehevertrags erzielen. Zentraler Punkt der Einigung war ein Raum im Untergeschoss des gemeinsamen Hauses, den sie unter keinen Umständen betreten durfte. Alles, was sich in dem Raum befand, wurde ausdrücklich aus dem Zugewinn herausgenommen. Zum Ausgleich verpflichtete sich der Chirurg, auch nach Ende der Ehe seiner Gattin weiterhin alle drei Jahre ein neues Auto zu kaufen. Und nur höchst widerwillig ließ er protokollieren, was sich in dem Raum befand. Sie vermuten böse Dinge? Eine Pornosammlung? Sadomasoinstallationen? Oder gar eine Stereoanlage mit Roland-Kaiser-Komplett-Paket?

Weit gefehlt: Wie mir die Braut nach dem vierten Glas Sekt beim Junggesellinnenabschied verriet, handelt es sich um seine Märklin-Eisenbahn!

Vielleicht sollte ein Ehevertrag auch Pflicht sein?

Oder vielleicht sollte man gleich ein noch viel vernünftigeres Modell einführen?

Beispielsweise könnte man den Gang zum Anwalt verpflichtend machen, dann müssen Heiratswillige die unselige Romantikdiskussion gar nicht erst führen, der Gesetzgeber gibt es einfach vor. Bei der Scheidung gilt schließlich auch der Anwaltszwang – das heißt, mindestens ein Anwalt muss bei der Scheidung mitwirken. Warum dann nicht gleich als vorbeugende Maßnahme der zwingende Gang zum Trauanwalt?

Den liebevollen Standesbeamten könnte man ersetzen durch den Traurichter, der die Trauwilligen peinlich nach ihren Lebensgewohnheiten befragt. Links und rechts der Brautleute säßen nicht die Trauzeugen, sondern die Anwälte, die gleich von Beginn an die Forderungen der jeweiligen Partei aufstellten.

Sie will: ausreichend Haushaltsgeld, gemeinsame Teilnahme am Hechelkurs, Hilfe bei der Kinderaufzucht, dreimal im Jahr ein Wellnesswochenende mit der besten Freundin, einen eigenen Telefonanschluss, zweimal die Woche Beziehungsgespräche, einmal ausgiebig Kuscheln, drei Kubikmeter Schrankraum für Schuhe und unbeschränktes Besuchsrecht der Mami.

Er will: dreimal die Woche Geschlechtsverkehr und einen Plasmafernseher mit Sky-Abo.

Ihr Anwalt wird seinen Anwalt herunterhandeln auf einmal pro Woche Geschlechtsverkehr außer bei Migräne, mit der Option nach dem zweiten Kind auf einmal pro Monat, aber nur in Monaten ohne »r« im Namen, dafür darf der Plasmafernseher einen Durchmesser von 1,58 m haben.

Der Traurichter wird noch einmal ausführlich auf die Risiken und Nebenwirkungen einer Eheschließung hinweisen und darauf, dass Rechtsmittel gegen die Trauung nicht gegeben sind, es sei denn, einer von beiden sei bewusstlos.

Also, liebe Gesetzgeber in Berlin: Übernehmen Sie!

DIE SCHEIDUNGSFLATRATE –
DAS ERFOLGSMODELL DER ZUKUNFT

»Eine gute Ehe zu führen ist gar nicht schwer – ich habe das gleich mehrmals hintereinander geschafft«, so erklärte mein Freund Glauner, ein Mensch, der in Sachen Heirat zu den Mehrfachtätern gezählt werden muss. Solche gibt es gar nicht so selten, da müssen wir noch nicht einmal die Prominenz von Gerhard Schröder über Joschka Fischer bis hin zu Hugo Egon Balder bemühen: Meine ältere Schwester war in zweiter Ehe mit einem Arzt verheiratet, für den es die dritte Ehe war. Zum Ausgleich ist sie jetzt gerade in dritter Ehe mit einem Zahnarzt verheiratet, für den es die zweite Ehe ist. Der zweite Ehemann hat gleich nach der Scheidung zum vierten Mal geheiratet – eine Frau, über deren Vorleben ich nichts weiß. Auch ihr erster Ehemann ist inzwischen in dritter Ehe verheiratet, und wenn der gemeinsame Sohn der beiden ein Fest veranstalten wollte, zu dem er alle Stiefeltern und -geschwister einladen wollte, könnte er gleich mal eine Halle anmieten.

Für solche Kandidaten sollte man eine Scheidungsflatrate einführen. Das Prinzip wäre dasselbe wie beim Telefonvertrag, Flatrate-Saufen oder beim All-you-can-eat-Büfett: Einmal bezahlen und dann unbegrenzt Leistungen in Anspruch nehmen. Sie bezahlen bereits bei der Eheschließung bequem in Raten die Gebühren für die erste Scheidung, die nur geringfügig höher sind als im Normalfall. Dafür zahlen Sie beim zweiten Mal nur die Hälfte, und ab der dritten Scheidung sind alle weiteren kostenlos.

Das Modell ist auch deshalb vernünftig, weil man weniger Geld an den Partner abdrücken muss, wenn man den Anwalt bereits vor der ersten Scheidung bezahlt. Das einzige Risiko besteht eigentlich darin, dass die Ehe hält – in diesem Fall hätten Sie wirklich Pech gehabt.

Aber dieses Risiko lässt sich minimieren, wenn Sie ein paar einfache Regeln beachten:

Erstens: Heiraten Sie möglichst jung – am besten die Schulfreundin, den Abschlussballpartner, idealerweise den Sandkastenfreund oder das Nachbarsmädchen. Früher oder später wird die Neugier Sie umtreiben – war das wirklich schon alles? Gibt es da draußen nicht noch andere, spannendere Partner? Und weil Sie vor der Ehe keine Erfahrungen gesammelt haben, werden Sie sich bei der ersten Gelegenheit hemmungslos verlieben. Er tut das meist mit der jungen Sekretärin, die ihn so bedingungslos bewundert und Weisungen ach so gern entgegennimmt. Sie erwischt es eher beim VHS-Kurs, im Gospelchor oder in der Kur, wenn sie auf einen Mann trifft, für den ein Kompliment nicht nur eine Kommode von Ikea ist.

Er will mit der Sekretärin möglichst schnell das Modell Kleinfamilie in Neuauflage beginnen, sie will ihre verlorene Jugend nachholen: Scheidung Nr. 1 wäre geschafft, und die Sollbruchstellen in den neuen Beziehungen sind bereits angelegt. Auch die Sekretärin wird altern und ihre Dienstfertigkeit reduzieren. Und der Kurschatten erweist sich als Gigolo, der routinemäßig alle Frauen angräbt, Sie sind also auf dem richtigen Weg, die Flatrate voll auszunutzen.

Zweitens: Nachdem Sie bereits jahrzehntelang zusammen waren, heiraten Sie endlich. Und bekommen kurz vor Toresschluss noch ein Kind – am besten nach langwieriger Hormonbehandlung Zwillinge. Idealerweise kaufen Sie in der ersten Euphorie noch eine Wohnung oder ein Haus, das Sie sich nur mit beiden Einkommen leisten können. Der plötzliche Ausstieg aus dem Berufsleben, die familieninternen Streitigkeiten, wer den Ausstieg zu vollziehen hat, verbunden mit dem Wegfall eines Einkommens wird in Kombination mit der Dauerbelastung durch Kindergeschrei, Schlafmangel und langweilige Spielplatzgespräche die Bereitschaft zur Scheidung drastisch beschleunigen.

Apropos Beschleunigung: Auch dem Gesetzgeber ist klar geworden, dass es manchmal schnell gehen muss, also wurde jetzt neu eingeführt, dass in Kindschaftssachen – also immer, wenn Kinder vorhanden sind, um die gestritten wird – innerhalb von vier Wochen ein Gerichtstermin bestimmt werden muss. Dies hat vermutlich den einzigen Grund darin, dass die Männer nach ihrem Auszug aus der ehelichen Wohnung nicht ganz vergessen sollen, dass sie Kinder haben. Vier Wochen sollte die Erinnerung reichen.

Drittens: Eine sichere Bank ist auch der Zusammenschluss von Mehrfachtätern mit Altlasten, sprich die große Happy-Patchwork-Familie. Jeder hat für sich allein schon eine gescheiterte Beziehung hinter sich und denkt nun, dass die Kombination der individuellen Verletzungen aus früheren Beziehungen zielführend sei. Das ist, wie wenn zwei Einbeinige sich gegenseitig stützen wollen.

Und das klappt auf jeden Fall. Schon weil die Turteltäubchen ja nicht im luftleeren Raum fliegen. Da gibt es die Kinder auf beiden Seiten, die synchronisiert werden müssen, dann kommen die Expartner, die zumindest über die Kinder ihre Macht ausspielen, und wenn man ganz viel Glück hat, mischen auch noch Eltern, Schwiegereltern und Ex-schwiegereltern mit.

(Obwohl nein: Letzteres gibt es nicht. Eigenartigerweise kann man sich ja vom Ehepartner scheiden lassen, die Schwiegereltern, die Schwägerinnen und Schwager bleiben immer genau das. Die wird man nie wieder los. Das muss man sich auch klarmachen, bevor man in den Hafen der Ehe einfährt: Mit jedem Ankerwurf handelt man sich eine ganze Mannschaft Schwiegerfamilie ein, und zwar lebens-lang.)

Abgesehen vom menschlichen Faktor kommen noch Un-terhaltsansprüche der Altkinder und womöglich auch der Altpartner dazu, dann gibt es natürlich Raumprobleme – selbst wenn die Brut beim Expartner lebt, will sie gelegent-lich mit ins Nest, und auch die geräumigste Honeymoon-Suite platzt aus allen Nähten, wenn man mit drei bis fünf Kindern einziehen will. Dazu kommen noch Transportpro-bleme (es gibt ja verdammt wenig schnittige 7-Sitzer-Ca-brios) und Entertainmentprobleme (die Jüngste will den Tiger-Enten-Club sehen, der Teenager braucht Heidi Klum, der 17-Jährige will Bruce Lee auf Dauerschleife). Selbst wenn Ihre TV-Fernbedienung das aushält: Ihre Nerven werden schlappmachen. Und passen Sie bloß auf, dass man Ihnen bei der unausweichlichen nächsten Scheidung nicht die falschen Kinder aufs Auge drückt.

§ 2 STRAFE FÜR ALLE – DAS MIETRECHT

Das Mietrecht ist eine Geißel der Menschheit. Es widerspricht einfach der menschlichen Natur, jemandem Geld nur dafür zu bezahlen, dass man beim Schlafen nicht nass wird.

Entwicklungsgeschichtlich stehen wir dem Neandertaler ja noch ganz nahe: Im Grunde sind wir alle immer noch Jäger und Sammler. Und Höhlenmenschen. Und hätte man je von einem Höhlenmenschen gehört, der einen Vermieter hatte? Oder sich beschwerte, weil der Pubertierende in der Höhle über ihm den ganzen Tag Trommelmusik hört? Einer Höhlenordnung mit klarer Regelung zum Räum- und Streudienst (vor allem in der Eiszeit)? Oder einer Höhlenwirtin, die genau die Mülltrennung überwacht: Bananenschalen nur in den Verpackungsmüll – Tierfelle in die Altkleidersammlung und nichts Gekochtes oder Erbrochenes auf den Kompost, das lockt sonst Bären an?

Ebenso absurd ist die Vorstellung von Streitigkeiten beim Auszug wegen nicht entfernter Höhlenmalereien, obwohl doch im Mietvertrag ganz genau geregelt ist, dass die malermäßige Erneuerung alle fünf Jahre zu erfolgen hat, und zwar fachgerecht mit Profischlamm in den Tönen Mittel- bis Kackbraun. Oder auch: Streit über unerlaubte Höhlen- tierhaltung, weil Hütesaurier nur bis zu einer Höhe von 3,20 m zulässig sind und Wachdrachen nur, wenn ihr Feu- erstrahl maximal eine Reichweite von zwei Metern hat. Da helfen auch Ausflüchte nichts wie etwa: Der T-Rexy war am Anfang ganz klein, und wir dachten, der bleibt so – der will doch nur föhnen …

Und wenn es Streit gegeben hätte, wäre dieser mit einem gezielten Erstschlag mit Keule auf Kopf ganz im Sinne des Stärkeren ausgefallen. Nach Ende des Streits hätte sich nur die Frage gestellt: wohin mit der Leiche – und die Familie des Unterlegenen wäre dem Sieger gleichsam als Beute in die Hände gefallen.

Doch was hält das Schicksal für den heutigen Menschen bereit? Mehrfamilienhäuser, Reihenhaussiedlungen, Hoch- häuser, Reihenhochhäuser mit Tiefgaragen.

Es ist doch einfach keine artgerechte Haltung eines Quasi-immer-noch-Höhlenmenschen, wenn er mit 700 an- deren Höhlenmenschen – also quasi der damaligen Popu- lation von ganz Deutschland – in ein Hochhaus gepfercht wird.

Das ist, als ob man Tausende von Hühnern in eine Halle sperren und sie Eier auf ein Fließband legen ließe. Ach so, das tut man schon? Schlimm genug. Wenn die Hühner könnten, würden sie als Erstes eine Mietminderung bei ih- rem Vermieter geltend machen, weil die Mietsache so ver- dreckt und die Nachbarn so laut sind. Bevor sie das tun können, landen sie aber schon in handlichen Stücken in der Fritteuse von Kentucky Fried Chicken, McDonald's oder Burger King.

Dieser einfache Ausweg ist den meisten Menschen verwehrt, auch wenn er den Vermietern und teilweise auch den Mietern höchst verlockend vorkäme. Genauso wie die hölzernen Argumente der Urzeit, die mancher gerne wieder auspacken würde. Was dem Höhlenmenschen die Keule war, ist dem modernen Menschen der Rechtsanwalt. Das Prinzip ist ansonsten dasselbe: kräftig draufhauen, möglichst als Erster, und der, dem zuerst das Auge raushängt oder das Geld ausgeht, hat verloren. Leichen werden dabei zwar nur noch in Ausnahmefällen produziert, und auch an einer Übernahme der Familie des Unterlegenen besteht selten Interesse – zumal sie ja obdachlos ist. Aber sonst hat sich an der Streitkultur wenig geändert – nur dass es eben viel häufiger zum Streit kommt.

VON BÖSEN VERMIETERN UND BÖSEN MIETERN

Das Mietrecht leidet vor allem unter zwei Problemen: Mietern und Vermietern. Für den Mieter ist der Vermieter ein geldgieriger Halsabschneider, der für eine zugige, dunkle, viel zu kleine Bude monatlich viel zu viel Geld will. Für den Vermieter besteht zwischen Mäusen, Wanzen, Kakerlaken und Mietern kaum ein Unterschied – alle verpesten seine Wohnung, und zum Entfernen würde er gerne Gift einsetzen.

Dass sich die beiden Parteien von Anfang an mit großem Misstrauen begegnen, sieht man schon an den sogenannten Standardmietverträgen, die mehrere klein gedruckte Seiten umfassen. Es genügt offenbar nicht, eine Wohnung zu finden, die von Lage, Größe, Schnitt und Preis zu den eigenen Bedürfnissen passt. Man muss sich gleich mit gefühlten 180 Paragrafen auseinandersetzen, in denen geregelt ist, dass der Mieter wirklich alle Nebenkosten zu tragen hat, welche Tiere er wann und aus welchen Gründen nicht halten darf und was im Falle seines Todes geschieht.

Eigentlich würde eine mündliche Einigung reichen: drei Zimmer, Küche, Bad, Einzug zum 1. Oktober, Miete monatlich 500,– Euro, Nebenkosten 100,– Euro. Aber böse Mieter haben sich immer wieder an die einfachen Regeln nicht gehalten, und böse Vermieter wollten sich absichern. Und so kam unter kräftiger Mitwirkung des Mietervereins auf der einen Seite, des Haus-und-Grundbesitzer-Vereins auf der anderen Seite und der Gerichte in fröhlicher Unentschiedenheit dazwischen ein Regelwerk zustande, das es vom Umfang her mit der amerikanischen Unabhängigkeitserklärung durchaus aufnehmen kann.

Eigentlich sollte man zum Besichtigungstermin immer schon gleich seinen Rechtsanwalt mitnehmen. Und eine Taschenlampe. Wohnungsbesichtigungen finden gerne nach Feierabend im Dämmerlicht statt – der Vermieter hat zum selben Termin noch andere Interessenten eingeladen (oder Freunde, die so tun, als wären sie an der Wohnung brennend interessiert) –, es entsteht also eine Konkurrenzsituation unter den potenziellen Mietern, die verhindert, dass man allzu kritisch nachfragt, warum sich beispielsweise das Fenster momentan nicht öffnen lässt. Auch für eine Besichtigung des wahrscheinlich schimmeligen Kellers ist beim besten Willen keine Zeit. Der Vermieter schwenkt dann das Mietvertragsformular, in das er freundlicherweise vorab schon alles eingetragen hat, was individuell vereinbart ist, und Sieger ist der, der es am schnellsten unterschrieben hat.

Wer allzu kritisch nachfragt oder womöglich sogar eigene Rechte geltend macht, bekommt die Auskunft: »Rufen Sie uns nicht an ... wir rufen Sie auch nicht an!«

Diese schmerzliche Erfahrung musste ich am eigenen Leib machen: Eine wunderschöne Altbauwohnung in bester Stuttgarter Lage zum absoluten Spottpreis ging mir nur deshalb durch die Lappen, weil ich gegenüber dem Makler als Beruf »Juristin« angegeben hatte. Der Vermieter erklärte, er wolle keinen Ärger, darum vermiete er grundsätzlich nicht an Juristen. Überhaupt Makler. Ich habe noch nie wirklich verstanden, wozu man diese Spezies braucht. Sie zeigen einem eine fremde Wohnung, wissen über Details nicht Bescheid, sind im Zweifel für nichts verantwortlich oder gar haftbar zu machen und kassieren dafür bis zu zwei Monatsmieten.

Das ist so leicht verdientes Geld, dass manche Vermieter gerne ihre eigenen Makler wären – ihnen genügt die Miete nicht, sie würden auch gerne die Provision beim Abschluss des Vertrages einstreichen. Das ist aber gesetzlich verboten – wer die eigene Wohnung vermietet, darf keine Provision vom Mieter verlangen. Das wird immer wieder umgangen, indem eine dem Vermieter nahestehende Person als Makler eingesetzt wird – denn Makler ist keine geschützte Bezeichnung und kein geschützter Beruf, also kann sich jeder als Makler verdingen.

Besonders clever wollte der Stuttgarter Vermieter Baumann vorgehen, der einer Mieterin seine Wohnung vermietete. Anschließend erhielt die Mieterin eine Maklerprovisionsrechnung von Mutter Baumann über zwei Monatsmieten plus Mehrwertsteuer. Die wollte sie nicht bezahlen, weil Mutter Baumann gar nicht tätig geworden war und die Mieterin immer nur direkt mit ihrem Vermieter zu tun gehabt habe. Sohn Baumann erklärte aber dreist, er habe als Vertreter seiner Maklermutter gehandelt, und dadurch sei die Provision fällig geworden und von der Mieterin zu bezahlen.

Selbstverständlich trat der Sohn auch im Prozess als Vertreter seiner Mutter auf, und ich hatte das starke Gefühl, die Mutter hatte in Wahrheit keine Ahnung, was da in ihrem Namen alles getrieben wurde. Ich wies die Klage ab mit der Begründung, es sei für die Mieterin nicht erkennbar gewesen, dass sie mit einem Makler ein Geschäft abgeschlossen hatte, weshalb sie auch nicht zu bezahlen hätte. Für einen kurzen Augenblick habe ich überlegt, ob es sich nicht lohnen würde, die Akten der Staatsanwaltschaft zu schicken, aber nachdem der Sohn ein Einsehen hatte und keine Berufung einlegte, ließ ich es bleiben.

Ein anderer Makler wurde auf Rückzahlung der Provision verklagt. Er hatte eine wunderbare Altbau-Maisonette-Wohnung im Angebot gehabt – Dachgeschoss mit frei liegenden Holzbalken, ein echtes Schmuckstück. Der Preis war entsprechend hoch, ebenso wie die Provision des Maklers.

Leider hatte er vergessen, auf eine Winzigkeit in der Geschichte der Wohnung hinzuweisen: Der Vorbesitzer hatte sich an einem der Holzbalken erhängt. Dass der neue Bewohner das gerne vorher gewusst hätte und nicht getuschelt in der Waschküche erfahren wollte, kann man verstehen. Der Vertrag wurde rückgängig gemacht, und der Makler musste zähneknirschend die Provision zurückzahlen. So schlimm, dass er daraufhin selbst einen der Balken in Anspruch nehmen musste, war das für ihn aber nicht.

Lange Gesichter gibt es immer wieder auch bei den Betriebskosten. Diese können laut Gesetz auf den Mieter abgewälzt werden, und jeder Standardvertrag enthält darum auch einen längeren Passus zum Thema Betriebskosten. Darin kann alles Mögliche enthalten sein, was zu den Fixkosten des Hauses gehört. Also Müllabfuhr, Gartenpflege, Schornsteinfeger, Wasser, Abwasser et cetera. Natürlich sind auch die Kosten für die Heizung vom Mieter zu tragen – die laufen meist auch über den Vermieter. Dazu kommen aber oft noch die Kosten für Strom, allerdings muss dieser Vertrag meist vom Mieter direkt abgeschlossen werden, ebenso wie der Telefonvertrag oder der Kabelanschluss fürs Fernsehen. Die Kosten hierfür werden in der Euphorie des Mietvertragsabschlusses gerne einmal vergessen.

Auch darf man sich von einer niedrigen Vorauszahlung nicht täuschen lassen – wenn für Heizung und sonstige Nebenkosten nur 50 Euro Vorschuss im Vertrag stehen, heißt das nicht, dass man ein besonders günstiges Schnäppchen gemacht hat. Es kann nämlich durchaus sein, dass am Ende des Jahres in Form der Abrechnung über die tatsächlichen Kosten ein wesentlich höherer Betrag fällig wird.

Problematisch ist immer wieder die Verteilung der Nebenkosten auf mehrere Mieter. Nehmen Sie an, unter Ihnen wohnt Schnucki – Sie erinnern sich, die aus dem vorigen Kapitel mit dem verheirateten Freund. Klar, dass eine Person von so zweifelhafter Moral auch im Mietrecht nur Ärger macht. Schließlich werden bei Ihnen im Haus die Nebenkosten nach Wohnungen aufgeteilt. Und seit die Frau von Schnuckis Freund ihm die Koffer vor die Tür geworfen hat, wohnt er quasi dauerhaft bei ihr. Und es wird viel geduscht – und viel unter der Dusche gekichert, aber das sei nur am Rande erwähnt –, es fällt mehr Müll an, die Waschmaschine läuft häufiger, es wird mehr gekocht, am Wochenende rücken seine Bälger an, und der Fernseher plärrt pausenlos. Dabei läuft der Zähler immer schneller.

Wenn dann die Abrechnung kommt, haben Sie es schwarz auf weiß: Die Kosten sind deutlich gestiegen, und wer muss das mit bezahlen? Ganz richtig: Sie!

Der Vermieter meint lapidar, er habe die Kosten schon immer nach Wohnungen aufgeteilt, das sei schon in Ordnung so, und bittet um zügige Überweisung.

Sie finden das nicht und sehen sich deshalb kurz darauf vor Gericht wieder. Der Vermieter hat Sie auf Zahlung der Nebenkostennachforderung verklagt.

Und der Richter schaut Sie fragend an. Die Abrechnung sei doch form- und fristgerecht erfolgt und rechnerisch absolut richtig. Aber ungerecht, rufen Sie. Weil doch Schnucki zu zweit duscht und Sie nur alleine.

Ja, klärt der Richter Sie auf, das schon, aber der Vermieter habe nun einmal die Wahl, wie er die Kosten aufteilen wolle. Und nachdem er dies schon seit Jahren nach Wohnungen mache, sei das nicht zu beanstanden. Das Blitzen in seinen Augen verrät, dass er sich das Duschen mit Schnucki gerade bildlich vorstellt. Ihre Felle können Sie mit dem Duschwasser davonschwimmen sehen. Zu beanstanden, so fährt er fort, sei das nur, wenn die Aufteilung absolut unbillig wäre. Unbillig, jawoll, sagen Sie, sei das allemal, weil nämlich ganz schön teuer.

Er lächelt milde über Ihre laienhafte Sicht der Dinge und legt dar, dass von Unbilligkeit nur gesprochen werden könne, wenn jemand etwa 50 Prozent mehr bezahlen müsse als bei der anderen Berechnungsart. Damit schließt er die Akten, und Sie gehen nach Hause mit der Nebenkostenforderung, den Anwalts- und Gerichtsgebühren und einer Riesenwut auf Schnucki. Auf gute Nachbarschaft weiterhin.

STREICHEN ODER NICHTSTREICHEN, DAS IST HIER DIE FRAGE

Es reichen oft schon kleine Anlässe wie so ein verlorener Prozess, um das Verhältnis zwischen Vermieter und Mieter vollends zu vergiften. Denn der Mieter sinnt nun auf Rache.

Hierfür hat er vielfältige Gelegenheiten, denn das gesamte Mietrecht ist ausgesprochen mieterfreundlich, und die Rechtsprechung ist es in weiten Teilen auch. Eine grandiose Leistung ist beispielsweise dem BGH gelungen, als er am 23.6.2004 sein legendäres Urteil zu den Schönheitsreparaturen sprach. Um die Anmut und Poesie dieser Entscheidung herauszuarbeiten, muss ich ein wenig ausholen. Schönheitsreparaturen sind ein Thema, über das sehr häufig Streit entsteht. »Wer muss wann die Wohnung wie streichen?« ist der Kern des Streits.

Von Gesetzes wegen muss das der Vermieter tun – die Pflicht kann aber auf den Mieter abgewalzt, ich meine natürlich abgewälzt werden.

Üblich war es lange Zeit zu vereinbaren, dass der Mieter beim Einzug streicht und beim Auszug nicht. Das war sinnvoll: Am Anfang will man es sich selbst schön machen, am Ende hat man keine Lust mehr, sich um die Wohnung zu kümmern, aus der man ohnehin auszieht. Die Vermieter hätten es aber gerne gehabt, dass die Mieter auch während der Mietzeit streichen und am besten am Ende auch noch.

Das hielt die Rechtsprechung nicht für richtig, also musste man sich entscheiden: entweder Endrenovierung oder laufende Renovierung. Hierfür wurden genaueste

Zeitpläne entwickelt, sogenannte Fristenpläne. Die Vermieter gingen schließlich so weit, dass sie genau festschreiben wollten, wann welche Räume zu streichen seien: Bad und Küche nach drei, Wohnräume nach fünf, sonstige Räume nach sieben Jahren. Unabhängig davon, ob es nötig war oder nicht.

Über eine solche Klausel hatte der BGH zu urteilen und entschied, dass eine starre Renovierungsfrist ohne Überprüfung der Notwendigkeit der Arbeiten nicht zulässig sei. Dies hatte zur Folge, dass diejenigen Mieter, die eine starre Fristenregelung in ihren Verträgen hatten, gar nicht mehr renovieren mussten.

Weil die Presse ausführlich über das Urteil berichtete, hatte es aber auch zur Folge, dass alle Mieter auf einmal glaubten, nicht mehr renovieren zu müssen, und alle dachten: Hurra, die Renovierungspflicht ist abgeschafft. Was sie aber schon in dem Fall nicht war, wenn der Vertrag eine Klausel enthielt, die sagte, dass »ca.« alle fünf Jahre renoviert werden müsse. »Ca.« ist nämlich nicht starr und damit wirksam.

Wir naiven Richter dachten zunächst: Hurra, dann gibt es jetzt viel weniger Prozesse, weil die Vermieter ja wissen, dass die Mieter nicht mehr renovieren müssen. Und dann müssen sie sich auch nicht mehr darüber streiten, ob der Mieter hartweiß oder eierschalenweiß pinseln muss.

Weit gefehlt. Die findigen Vermieter beziehungsweise deren findige Anwälte kamen schnell auf ein Ausweichmanöver. Sie fanden nämlich beim Auszug eines Mieters immer ganz viele Schäden in der Wohnung. Also Löcher in den Böden und in den Wänden, beschädigte Fliesen, Türrahmen und Teppichleisten. Und wie sind die zu beseitigen? Natürlich durch eine umfassende Renovierung auf Kosten des Mieters!

Das Urteil bescherte uns also anstatt weniger Streit viel mehr Prozesse. Zwischen denjenigen, die nicht genau wussten, ob ihre Klausel wirksam war oder nicht, und zwischen denen, die meinten, über den Umweg über Schäden doch noch an die Renovierung zu kommen. Streichen oder Nichtstreichen? Auf jeden Fall: Streiten!

§

TUT AM ZAHLEN IHN WAS HINDERN, KANN ER TÜCHTIG MIETE MINDERN

Ein beliebtes Spiel, um Vermieter zu ärgern, ist auch die Mietminderung. Entdeckt der Mieter einen Mangel in seiner Wohnung, dann muss er ihn dem Vermieter anzeigen. Ein zugiges Fenster, eine defekte Heizung, ein tropfender Wasserhahn – all dies schränkt seinen Mietgenuss ein und berechtigt ihn dann auch, die Miete ein gutes Stück zu kürzen.

Gemeinerweise darf der Mieter die Miete auch dann kürzen, wenn der Vermieter für den Mangel gar nichts kann – und ihn auch nicht beseitigen kann. Bestes Beispiel: Großbaustelle auf dem Nachbargrundstück. Wenn hiervon Lärm ausgeht, was regelmäßig der Fall ist, darf der Mieter die Miete mindern. Obwohl der Vermieter gegen die Großbaustelle nichts unternehmen kann und vom Betreiber der Großbaustelle auch keinen Ersatz für die entgangene Miete verlangen kann. Denn der macht ja auch nichts verkehrt – er baut mit Genehmigung und darf Lärm machen und auf dem Nachbargrundstück buddeln.

Der Vermieter hat also nicht nur das Loch auf dem Grundstück hinzunehmen, sondern auch das Loch in seinem Geldbeutel. Und nicht nur das: Wenn es sich um Dinge handelt, die der Vermieter beseitigen kann (und muss), kann der Mieter auch ein Zurückbehaltungsrecht geltend machen. Das heißt, er darf einen weiteren Teil der Miete so lange zurückbehalten, bis der Mangel behoben ist.

Das soll eigentlich dazu führen, dass der Vermieter den Mangel möglichst schnell behebt. Tatsächlich führt es aber dazu, dass der Vermieter sich gewaltig ärgert und aus Trotz erst einmal gar nichts macht. Außer vielleicht Klage zu erheben gegen den madigen Mieter, der nicht zahlt. Und das ist für den Vermieter ziemlich riskant.

Der Mieter teilt ihm mit: Dach undicht, es regnet herein. Der Vermieter denkt: Na ja, das wird schon nicht so schlimm sein, Dach ist ja erst 40 Jahre alt.

Mieter zahlt statt 500,– Euro im Monat weniger Miete.

Vermieter klagt nach zwei Monaten 1000,– Euro ein.

Mieter sagt: Mangelminderung 100,– Euro und Zurückbehaltungsrecht 400,– Euro, also nix zahlen.

Vermieter sagt, Mangel ist nicht vorhanden, hilfsweise nicht so schlimm.

Gutachter sagt, Mangel ist vorhanden, Dach muss neu gedeckt werden, und wegen der entstandenen Wasserschäden muss Wohnung neu gestrichen werden. Gutachter sagt das leider erst neun Monate später und verlangt dafür 2500,– Euro.

Mieter freut sich, weil er das Jahr über mietfrei wohnt.

Vermieter lässt das Dach neu decken, streicht die Wohnung, zahlt den Gutachter, das Gericht, seinen Anwalt und den des Mieters und kann dann noch nicht einmal die Miete erhöhen.

Manchmal geht es aber auch anders, wie der Fall von Frau Schneider zeigt: Frau Schneider hat mich mit ein und demselben Mängelprozess etwa drei Jahre lang beschäftigt. Sie war eine sehr sensible Dame von enormer Zähigkeit, die mit ihrer Wohnung ganz und gar nicht zufrieden war.

Obwohl alle versuchten, sie zum Auszug zu bewegen, blieb sie hartnäckig an Ort und Stelle und behauptete, sie sei mit der Gegend und der Nachbarschaft so tief verwurzelt, dass ein Auszug ihre psychische Gesundheit gefährden würde. Trotzdem wollte sie sich die zahlreichen Mängel ihrer Wohnung nicht gefallen lassen. Deshalb hat sie die Miete kräftig gemindert.

Erst waren angeblich Fenster undicht. Die Vermieterin ließ die Fenster austauschen – Prozess wäre erledigt gewesen. Dann begann aber ein Teppich plötzlich zu stinken. Das war für die Vermieterin zwar nicht wahrnehmbar, aber ein Zimmer wurde dadurch unnutzbar. Also ließ die Vermieterin den Teppich austauschen, Friede hätte einkehren können. Doch nein, die Mieterin bestand auf ihrer Minderung und wollte nachträglich geklärt haben, ob der Teppich wirklich gestunken hatte. Sie hatte ein Beweisstück archiviert: ein Stück des ausgebauten Teppichs in einem Marmeladenglas. Das präsentierte sie vor Gericht, um den unzumutbaren Gestank zu demonstrieren. Doch damit nicht genug – sechs Zeugen wurden aufgeboten. Fünf davon konnten nichts über Gestank berichten, eine Zeugin dagegen konnte sich genau an bestialischen Gestank erinnern. Sie ahnen es: Das war die Schwester von Frau Schneider. Es handelte sich also offenbar um eine genetisch bedingte Geruchsüberempflindlichkeit.

Noch bevor ich das entsprechende Urteil verfassen konnte, entstand ein neuer Kriegsherd. Im Erdgeschoss war ein neuer Mieter eingezogen, und zwar fatalerweise ein Seifenhändler.

Und dessen Seifenhandel, so Frau Schneider, sorge für unzumutbaren Gestank im ganzen Viertel. Sie erhielt ihre Minderung darum aufrecht.

Auch ihr im Übrigen höchst sympathischer Anwalt bestätigte den gruseligen Gestank – die Vermieterin bestritt. Da Gerüche bekanntlich von Mensch zu Mensch höchst unterschiedlich bewertet werden, wollte ich der allseitigen Subjektivität die Objektivität meiner eigenen Nase entgegensetzen, steckte dieselbe also tief in die Angelegenheit und machte statt eines Augenscheins vor Ort einen Nasenschein.

Der Betreiber des Geschäfts, ein laut Schneiders Beschreibung unfreundlicher, arroganter »Orientale«, entpuppte sich als umtriebiger Türke, der einen entzückenden Seifenladen eingerichtet hatte mit umfangreichem Lager im hinteren Teil und einem pittoresken Verkaufsgeschäft im vorderen Teil des Ladens. Schon bei der Anfahrt spitzte ich das Näschen und versuchte, Abweichungen vom sonstigen Aroma des Stuttgarter Westens wahrzunehmen. Doch ich wurde geruchsmäßig nicht fündig: Staub, Abgase – alles roch wie immer.

Im Lager des Seifenhändlers standen fast ausschließlich Kartons für den Versand der Waren. Geruchsnote: Pappe, braun. Vorne im Laden befanden sich handgemachte Seifen in allen Farben und Formen, die ansprechend drapiert waren, das Auge erfreuten und nur eines nicht taten: stinken. Jede durchschnittliche Parfümerie hatte mehr an Gerüchen zu bieten als dieser Laden. Weder im Laden selbst noch im Lager und schon gar nicht auf der Straße vor dem Geschäft waren Gerüche irgendwelcher Art wahrzunehmen – weder angenehm noch unangenehm. Lediglich wenn man eines der Seifenstücke in die Hand nahm und daran schupperte, konnte man die verschiedenen Duftnoten riechen. Dies musste auch Frau Schneider zugeben, die ihre Haltung trotzdem nicht aufgab und immer wieder betonte, bis gestern habe es erbärmlich gestunken, und nur jetzt – gewissermaßen in Vorbereitung der Beweisaufnahme – habe der türkische Nachbar heimtückischerweise den Geruch abgestellt. Dies habe er vorsätzlich getan, vermutlich um sie zu ärgern, und sie sei sich sicher, ab morgen stinke es wieder.

Mit dieser schlüssigen Argumentation im Ohr verließ ich den sauberen Ort und schrieb ein Urteil, das ihr mit Sicherheit gestunken hat.

$$\S$$

MIETER SIND WIE KAUGUMMI AM SCHUH...

... man bekommt sie verdammt schwer los. Eine Ehe ist schneller geschieden als ein lästiger Mieter gekündigt. Der Gesetzgeber ist offenbar der Ansicht, eine Wohnung sei wichtiger als die heilige Ehe – und recht hat er damit. Schließlich ist es auch viel schwerer, eine zu finden, die in Größe, Schnitt und Lage zu einem passt. Also Wohnung.

Und hat man sie einmal gefunden, will man nicht so schnell wieder von ihr lassen.

Die Hürden für die Beendigung eines Mietverhältnisses sind deshalb fast unüberwindlich hoch. Zumindest für Vermieter. Mieter haben es einfach: Sie haben drei Monate Kündigungsfrist und sind draußen. Zumindest wenn sie keinen Zeitmietvertrag haben, doch dazu später mehr.

Für die Vermieter ist es eine Wissenschaft. Nicht nur, dass sich die Kündigungsfrist alle paar Jahre um drei Monate verlängert – nein, sie brauchen auch noch einen triftigen Grund, um zu kündigen.

Es reicht nicht wie bei der Scheidung, dass das Verhältnis zerrüttet ist, nein, es muss eine absolut unzumutbare Pflichtverletzung aufseiten des Mieters vorliegen. Zu Deutsch: Der Mieter muss ein echter Drecksack sein und sich auch so benehmen. Und der Vermieter muss das vor Gericht natürlich auch belegen können.

Da reicht es zum Beispiel noch nicht, dass der Mieter die Wohnung völlig verkommen lässt und zumüllt, wie das Münchner Amtsgericht 2002 festgestellt hat. Und ebenso wenig ist ein zulässiger Grund, dass ein Mieter die Wohnung in Selbstmordabsicht anzündet, zumindest dann nicht, wenn er das im Zustand einer krankhaften Bewusstseinsstörung getan hat, weil ihm das Verhalten dann nicht als schuldhaft zugerechnet werden kann.

Auch wenn ein Mieter seinen Hund gelegentlich in den Hausflur pinkeln lässt, finden das die Richter noch nicht so richtig schlimm, genauso wie die Haltung eines Kampfhundes in der Wohnung – zumindest solange er noch niemanden konkret gefährdet hat. Wie es wäre, wenn der Kampfhund gelegentlich in den Hausflur pinkelt, hatte die Rechtsprechung bisher noch nicht zu entscheiden. (Ich hatte lediglich einmal den Fall, dass der Mieter selbst sich gerne im Hausflur erleichterte – das hat sich dann aber zwischenzeitlich erledigt, da er in eine geschlossene Anstalt zwangseingewiesen wurde. Vermutlich haben sie dort gut imprägnierte Hausflure.)

Ein anderes Mal musste ich über den Fall einer alten Dame entscheiden, die alleine in ihrer Wohnung lebte und unter Demenz litt. Der Vermieter wollte ihr kündigen, da sie mehrfach kleine Brände verursacht hatte, weil sie Speisen auf dem Herd vergessen hatte. Spontan hätte ich gesagt, das muss zur Kündigung ausreichen, denn der Vermieter muss ja nicht warten, bis das Haus abfackelt. Doch weit gefehlt – kleinere Brände reichen nicht, zumal dann, wenn sie auf die Demenz zurückzuführen sind, weil sie dann nicht schuldhaft sind. Und der Gutachter fand auch, dass ein Verlust der angestammten Wohnung für die Psyche der Dame so schädlich sein könnte, dass die Interessen des Vermieters zurückstehen müssen. Die Dame war also so lange wie möglich in ihrer Wohnung zu belassen – so lange, wie diese eben nicht explodierte. Ich meine natürlich die Wohnung, nicht die Dame.

Manchmal ist der Drecksack aber auch an anderer Stelle zu finden: Der Herr Walter war ein Stammgast bei uns im Gericht. Ihm gehörten mehrere Mietshäuser in Stuttgart, er trat immer als Kläger auf und immer ohne Rechtsanwalt, weil er selbst über eine gewisse, wenn auch aus dubiosen Quellen stammende, juristische Bildung verfügte. Er war der Typ schlitzohriger Schwabe, klein, drahtig und nie um eine Ausrede verlegen. Seine Spezialität waren alte Mehrfamilienhäuser, die er kaufte, notdürftig sanierte und dann an Menschen mit Migrationshintergrund vermietete. Die Häuser verwaltete er mit strenger Hand auf Gutsherrenart.

Seinem Mieter Ramses hatte er zum Beispiel fristlos gekündigt, weil dessen Tochter versucht habe, ihn, also den Vermieter, zu ohrfeigen, was eine unzumutbare Pflichtverletzung sei. Seine Variante der Geschichte ging so: An einem Sonntagnachmittag sei er ganz harmlos im Haus vorbeigekommen und habe sich nach dem Wohlergehen seiner Mieter erkundigt. Die Tochter des ägyptischen Mieters Ramses habe sich im Treppenhaus an ihm vorbeigedrängt, ihn als Kapitalistenschwein beschimpft und versucht, ihn zu ohrfeigen. Dieser Sachverhalt könne bezeugt werden von seinem treuen Handwerker Salvatore, der wegen Bauarbeiten im Hof ebenfalls zugegen gewesen sei, sowie von seiner Ehefrau. Von beiden legte er zur Sicherheit schon einmal schriftliche Zeugenaussagen vor.

Bei der Beweisaufnahme stellte sich aber heraus, dass weder Ehefrau noch Handwerker am fraglichen Tag dabei gewesen waren. Dem Handwerker ist das erst wieder eingefallen, als er vom Gericht gefragt wurde, ob er denn wirklich an einem Sonntag für den Herrn Walter gearbeitet habe.

Dafür waren andere Bewohner des Hauses tatsächlich dabei gewesen, und es ergab sich eine ganz andere Geschichte: Der Herr Walter war in die Küche des Restaurants im Erdgeschoss gekommen, das von einem anderen Mieter, dem Zeugen Ali, betrieben wurde. Dort traf er seinen ägyptischen Mieter Ramses und warf ihn hinaus, er habe in der Küche nichts zu suchen. Ramses war aber mit Ali befreundet und wollte nicht gehen. Da drängte ihn Walter aus der Küche und stritt im Treppenhaus weiter. Die Tochter Nofretete kam dazu und wollte wissen, was los sei. Walter erklärte ihr, sie solle ihren ungezogenen Mund halten. Hier in Deutschland sei es immer noch so, dass der Vermieter das Sagen habe, und sie als Ausländerin solle still sein, sonst würde er ihr schon noch Manieren beibringen. Daraufhin hob Nofretete, wer wollte es ihr verdenken, tatsächlich die Hand und versuchte Walter zu ohrfeigen. Der konnte den Schlag aber abwehren.

Weil ihm diese Mieter aber schon seit Längerem ein Dorn im Auge waren, nutzte er die Gelegenheit, um das Mietverhältnis wegen schwerer Pflichtverletzung fristlos zu kündigen. Man hätte nun argumentieren können, die Kündigung sei nicht wirksam, weil die Pflichtverletzung (die versuchte Körperverletzung durch den Ansatz der Ohrfeige) nicht so schlimm sei oder provoziert worden sei durch die massive Beleidigung seitens des Vermieters.

Ich habe mich aber für folgende Argumentation entschieden: Dem Vater Ramses sei als Mieter kein Vorwurf zu machen. Zwar seien in Ägypten die Kinder meist strenger erzogen als in Deutschland und daher vermeintlich folgsamer, das Verhalten der immerhin 17-jährigen Tochter Nofretete sei ihm aber nicht zuzurechnen, da er in der konkreten Situation keine Steuerungsmöglichkeiten gehabt habe, um auf ihr Verhalten mäßigend einzuwirken. Und deshalb sei die Klage abzuweisen, und der Kläger habe alle Kosten zu tragen.

Selbstverständlich sind Ohrfeigen keine adäquate Methode, um Konflikte zu lösen, davon muss ich mich weit distanzieren – aber wenn man klitzekleine Ohrfeigchen in solche Kostenentscheidungen verpacken kann, ist das schon eine Gelegenheit, bei der man für einen kurzen Moment wieder an Gerechtigkeit glauben mag.

GELD ODER LÜGE

Viele Vermieter setzen bei unliebsamen Mietern ihre Hoffnungen auf die fristlose Kündigung wegen Zahlungsverzugs. Zwei Monatsmieten nicht gezahlt, also raus mit dem Mieter – so denken die meisten. Das klingt schlüssig, zumindest so lange, bis man es konkret probiert.

Bevor ich Sie aber mit den blauen Wundern bekannt mache, die Sie als Vermieter im Räumungsrechtsstreit erleben können, noch ein kurzer Abriss über die gängigsten Statements säumiger Mieter:

- Gleich morgen überweise ich das Geld!
- Mein Cousin hat zugesagt, dass er mir etwas leiht.
- Ich bin Freiberufler und warte gerade noch auf eine große Provision.
- Ich hab selber große Außenstände, aber nächste Woche ist alles bezahlt.
- Auf dem Weg zur Bank wurde ich vom Bus angefahren/ vom Pferd getreten/überfallen!
- Der Hund hat den Überweisungsträger gefressen.
- Ich dachte, mein Freund bezahlt.
- Das muss ein Irrtum sein, ich ruf gleich bei der Bank an.
- Ich hab da sicher nur ein paar Zahlen vertauscht, das klärt sich ganz schnell.
- Meine Mutter ist überraschend krank geworden/ins Heim gekommen/gestorben/zu Besuch gekommen.
- Ich wollte es eigentlich bezahlen, aber dann hätte das Geld für den Urlaub nicht mehr gereicht.

Sie sehen also, lieber Vermieter, auch Ihr Mieter tut das nicht aus bösem Willen. Er kann nicht anders. Und da Sie nun einmal Eigentümer dieser Wohnung sind, gehören Sie der besitzenden Klasse an und müssen sich eben so behandeln lassen, als wüssten Sie gar nicht, wohin mit der Kohle. Dafür können Sie eine Menge Spaß haben beim fröhlichen Pingpongspiel mit Ihrem Mieter. Los geht's:

Im Januar bekommen Sie keine Miete. Dafür eine der oben genannten Auskünfte.

Im Februar wird wieder nichts gezahlt. Sie werden allmählich böse und holen Rechtsrat ein. Zwei Monatsmieten nicht bezahlt? Fristlose Kündigung ist möglich, sagt der Anwalt.

Beschwingt gehen Sie nach Hause und formulieren scharf die fristlose Kündigung. Da kommt die Mitteilung von der Bank – die Januarmiete ist eingegangen. Der Anruf beim Anwalt verschafft Klarheit: Die Kündigung ist damit hinfällig, Sie können das Porto sparen.

Dieses Spielchen könnte einige Monate so weitergehen, wir kürzen aber etwas ab: Die Märzmiete kommt auch nicht. Jetzt schlägt die Stunde Ihrer Kündigung.

Abschicken, fertig – jetzt nur noch auf den Auszug des Mieters warten, und alles ist erledigt.

Doch halt, was sehen Sie da? Der Schlingel hat, Ende März, einfach die beiden Mieten überwiesen. Kündigung kaputt.

Aber die Aprilmiete fehlt auch gleich wieder. Und die im Mai auch. Also wieder Kündigung – zum Glück haben Sie die noch im Computer gespeichert, Sie brauchen bloß die Monate zu ändern. Ende Mai ist der Mieter immer noch nicht ausgezogen. Er würde ja ausziehen, so sagt er, bittet aber noch um einen Monat Frist. Er habe schon etwas gefunden, das sei aber noch nicht frei.

Was sollen Sie auch machen, Sie sind ja kein Unmensch und wollen auch nicht gleich mit dem Gericht drohen. Also warten Sie den Juni auch noch ab. Ende Juni reicht es Ihnen dann aber, und Sie beauftragen den Anwalt mit einer Räumungsklage. Die reicht er ein, und sie wird so etwa Mitte Juli zugestellt. Zugleich schaltet sich das Amt zur Vermeidung von Wohnungslosigkeit ein und prüft, ob nicht die Rückstände Ihres Mieters übernommen werden könnten, um ihm die Wohnung zu erhalten. Sie hätten dann zwar den lästigen Mieter nicht los, aber wenigstens Ihr Geld in der Tasche.

Bis Ende August zieht sich das hin, und in der Zeit

konnte sich auch Ihr Mieter bei Gericht äußern. Ihm tue das alles sehr leid, aber momentaner Engpass und so weiter. Wenn der Richter aus dem Sommerurlaub wieder da ist, bestimmt er unverzüglich einen Termin zur mündlichen Verhandlung, so etwa Ende September.

Inzwischen fehlen Ihnen sechs Monatsmieten, die finanzierende Bank wird etwas ungemütlich, aber durch den Verzicht auf Ihren Sommerurlaub können Sie die Rückstände gerade noch so ausgleichen. Und der Spuk müsste ja bald ein Ende haben.

Doch da flattert plötzlich ein amtlicher Brief auf Ihren Tisch: Das Amt zur Bekämpfung von Wohnungslosigkeit (eine Unterabteilung des Sozialamts) übernimmt die Mietrückstände Ihres Mieters. Heureka! Echtes Geld kommt auf Ihr Konto, und den lästigen Bewohner sind Sie auch gleich los? Falsch gedacht. Geld kommt zwar, doch der Bewohner bleibt auch.

Dadurch, dass Sie die Mietrückstände nämlich bekommen, wird Ihre Räumungsklage wirkungslos. Der ganze Ärger also umsonst – wenn auch nicht gratis. Und Sie ahnen schon, wie es weitergeht.

Oktobermiete fehlt, Novembermiete fehlt, Sie setzen wieder einmal neue Monatsnamen in Ihre gespeicherte Kündigung ein und hoffen, dass zu Weihnachten die Sache endlich bereinigt ist. Kurz vor Ostern treffen Sie sich vor Gericht zur mündlichen Verhandlung mit Ihrem Mieter. Zuvor musste der Termin zweimal verschoben werden, weil er einmal betrieblich nicht abkömmlich war und einmal kurzfristig erkrankt ist.

Die letzten sechs Monate ist keine Miete geflossen, Sie sind auf hundertachtzig und hoffen, dass der Richter dem Kerl so richtig einheizt.

Doch was müssen Sie hören? Eine warmherzige Richter-
stimme versucht, eine »gütliche Einigung« herbeizuführen.
Gütlich?! Nachdem der Schmarotzer Sie nun schon seit ein-
einhalb Jahren nur nervt und Ihnen inzwischen mehrere
Tausend Euro schuldet. Die Nachzahlungen auf die Nebenkosten haben Sie noch gar nicht eingeklagt.

Doch der Vorsitzende lässt sich von Ihrer Schnappatmung
nicht aus dem Konzept bringen und führt aus, dass eine Räumungsfrist von wenigstens vier Monaten ja nicht nur dem
Gebot der christlichen Nächstenliebe – jetzt so kurz vor Ostern – entspreche, sondern auch der prozessualen Vernunft.
Denn wie leicht könne man so einen Prozess endlos zerdeh-
nen und über mehrere Instanzen strecken. Und die Oberge-
richte arbeiteten nicht so zügig wie das Amtsgericht, fügt er
nicht ohne Stolz – oder ist es Sarkasmus? – an.

Sie ahnen, dass er vermutlich recht hat, Ihr Anwalt nickt
eifrig, und es wird ausgehandelt, dass Sie Ihre Wohnung
am 1. September wiederbekommen. Der mit der schwarzen
Robe lächelt Sie wohlwollend an und schlägt vor, die Kosten
für diesen Vergleich gegeneinander aufzuheben.

Ihr Anwalt tätschelt besänftigend Ihren Oberschenkel
und raunt Ihnen zu, das heiße einfach, dass jeder selbst seinen Anwalt zahle und die Gerichtskosten halbe-halbe gingen, und da würden Sie sogar noch was rausbekommen.
Bevor Sie noch Luft holen können, hat er bereits genickt
und in Ihrem Namen den Handel besiegelt.

Selbstverständlich, so erklärt Ihnen der Richtersmann,
würden Ihre Mietansprüche auch gleich »tituliert« in dem
Vergleich. Das ist gut, flüstert der Anwalt, dann können wir
vollstrecken, wenn der Sauhund nicht freiwillig zahlt. Ihnen
ist zu diesem Zeitpunkt bereits alles egal, wenn nur diese
Verhandlung endlich aufhört.

Ihr Mieter bedankt sich höflich beim Richter, nickt Ihnen freundlich zu und hat immerhin für die nächsten vier Monate ein – kostenfreies – Dach über dem Kopf.

Das kommt Ihnen übertrieben vor? Dann haben Sie noch nie den Versuch gemacht, einen Mieter tatsächlich zu räumen. Wenn er nämlich nach Ablauf der Räumungsfrist nicht von selbst auszieht, was machen Sie dann? Genau! Sie beauftragen den Gerichtsvollzieher. Der hat auch schon in zwei Monaten einen Termin für Sie, den Sie bekommen, wenn Sie die Kosten für die Zwangsräumung vorlegen. Das hält sich in Grenzen: Umzugswagen, Kosten für die Einlagerung der Möbel und klar: die Gebühren des Gerichtsvollziehers. Mit schlappen 10 000 Euro sind Sie dabei.

Dieses Geld können Sie sich natürlich von Ihrem ehemaligen Mieter wieder holen. Vorausgesetzt, er hat irgendwann Geld. Und Sie wissen, wo er wohnt. Wenn er tatsächlich zum Volk der Mietnomaden gehört, können Sie beides getrost abhaken.

Kein Wunder, dass sich manche Vermieter zurück in die Steinzeit sehnen, denn da wäre die Lösung einfach: Ihre Vorfahren hätten die Angelegenheit mit einem Holzknüppel viel schneller, preisgünstiger und wirkungsvoller erledigt.

DER SCHLÜSSEL(DIENST) ZUM ERFOLG

Als Alternative zum Holzknüppel versuchen es manche Vermieter mit der Methode Schlüsseldienst. Clever, wie sie sind, haben sie einen Schlüssel zur Wohnung behalten und lassen nun, wenn der lästige Mieter, der seine Miete nicht bezahlt oder auf andere Weise den Groll des Vermieters auf sich gezogen hat, gerade außer Haus ist, kurzerhand die Schlösser auswechseln.

Ahnungslos kehrt der Mieter zurück und stellt fest, dass er seine Behausung nicht mehr betreten kann. Doch anstatt sich kommentarlos vom Acker zu machen, wehrt sich der üble Geselle! Geht zum Anwalt oder direkt zum Amtsgericht und stellt einen Antrag auf Erlass einer »einstweiligen Verfügung«. Das ist ein Eilverfahren, in welchem Sachverhalte vorläufig geregelt werden, die absolut keinen Aufschub dulden. Das Verfahren setzt alle Beteiligten regelmäßig tüchtig unter Stress. Der Antragsteller ist persönlich anwesend – meist überhaupt nicht entspannt, sondern gerne an der Grenze zum Nervenzusammenbruch oder bereits darüber hinaus. Mit diesem Zustand steckt er die Servicekräfte an, und diese geben die Nervosität an die Richter weiter. Die Richter müssen etwas tun, was sie überhaupt nicht gewohnt sind und was ihnen auch wesensfremd ist: schnell lebensnahe und sinnvolle Entscheidungen treffen. Das bringt sie an die Grenze ihrer Belastbarkeit. Der Gegner wird in der Regel nicht angehört, man verlässt sich auf das, was der Antragsteller vorträgt und »glaubhaft macht« – also quasi beschwört. Und je besser der Antrag formuliert ist, umso größer ist die Wahrscheinlichkeit, dass der Richter ihn genau so übernimmt. Am besten ist es, mit einem Antrag zu kommen, den der Richter nur noch zu unterschreiben braucht. Denn wenn er vor der Wahl steht: selber denken oder unterschreiben, fällt die Entscheidung ziemlich leicht.

So kommt es dann auch: Dem Antrag wird entsprochen und die einstweilige Verfügung erlassen. Damit wird der Vermieter verpflichtet, dem Mieter den Zugang zur Wohnung wieder zu gestatten – kostenpflichtig, versteht sich. Anstatt also den Mieter loszuwerden oder ihn wenigstens dazu zu bewegen, die rückständige Miete zu bezahlen, bekommt der Vermieter tüchtig Ärger und zusätzliche Kosten. Kein cleveres Vorgehen.

Das gilt auch für diejenigen Vermieter, die denken: Warte Freundchen, wenn du nicht spurst, stell ich dir den Strom/das Wasser/den Kabelempfang et cetera ab. All dies kann vom Mieter ganz schnell mit einer einstweiligen Verfügung rückgängig gemacht werden und ärgert ihn daher sehr viel weniger, als es den Vermieter ärgern wird, wenn er die Kostenrechnungen von Gericht und gegnerischem Anwalt bekommt.

Der Gesetzgeber möchte aus irgendwelchen Gründen, dass man sich mit Streitigkeiten an die Gerichte wendet und nicht selbst zu Knüppeln oder Türschlössern greift – es könnte etwas mit dem Rechtsstaatsprinzip zu tun haben.

Das ist manchmal zugegebenermaßen ärgerlich, auch wenn wir alle – Sie auch? –vom Rechtsstaat grundsätzlich überzeugt sind.

So hatte ich einen Fall, in dem ein Herr Z. eine entsprechende einstweilige Verfügung beantragt hatte – der Vermieter hatte die Schlösser ausgetauscht, nachdem er das Gefühl hatte, die Wohnung sei schon seit Monaten nicht mehr bewohnt, und er auch kein Geld mehr bekommen hatte.

Der Vermieter erklärte, das Sozialamt habe bisher immer die Miete bezahlt, dies aber seit vier Monaten nicht mehr getan. Herr Z. hatte eine andere Adresse angegeben – ich war verwirrt und verhandelte den Fall mündlich.

Beim Sozialamt, so stellte sich heraus, war es zu einem bürokratischen Fehler gekommen – sie würden die Miete nachbezahlen. Das Ehepaar Z. war anwesend – er ein solariumgebräunter, goldkettchenbehängter Mitfünfziger, sie eine attraktive Nigerianerin Anfang 20.

Und tatsächlich war die Wohnung auch in letzter Zeit nicht genutzt worden. Es war nämlich, obwohl Herr Z. als Mieter im Mietvertrag stand, eigentlich die Wohnung von Frau Z., und die konnte ihrer Tätigkeit als Prostituierte derzeit nicht nachgehen, weil sie schwanger war.

Dafür wohnten beide nun in einer Hotelunterkunft etwas außerhalb der Stadt – auch auf Kosten des Sozialamts, schließlich hatte Herr Z. keinen Beruf, und seine einzige Einnahmequelle war derzeit versiegt. Manchmal wundert man sich selbst über die Rechtslagen, die man auszuwerfen hat – aber der Vermieter musste die Schlösser wieder zurücktauschen und den Eheleuten Z. die Wohnung weiterhin überlassen. Immerhin bekam er sein Geld.

§

DER VERGLEICH – DIE KUNST DER FAULEN RICHTER

Bei Richtern ungeheuer beliebt ist der sogenannte Prozessvergleich. Das ist eine gütliche Einigung, die die Parteien im Prozess finden – eine Art Vertrag, der geschlossen wird, um den Streit zu beenden. Das Grundprinzip ist, dass jeder ein bisschen nachgibt und ein Kompromiss gefunden wird, der dem Interessenausgleich der Beteiligten und dem Rechtsfrieden dient.

Für den Richter hat der Vergleich den großen Vorteil, dass er den Vergleichstext unmittelbar in der Sitzung ins Protokoll diktiert, und damit ist der Fall für ihn erledigt. Er muss kein Urteil schreiben, das heißt keine Sachentscheidung treffen, die ausführlich zu begründen ist. Damit spart er erheblich Zeit, die er anderweitig gewinnbringend nutzen kann – durch Verbesserung seiner Aufschläge, falls er zur Tennisfraktion gehört, oder durch Reduktion seines Handicaps, falls er bereits alt genug ist für Golf.

Logischerweise gibt es gegen einen Vergleich auch kein Rechtsmittel, das heißt, man kann keine Berufung oder Revision einlegen, und damit wird auch die nächste Instanz geschont. Das ist schon deswegen wichtig, weil in den oberen Gerichten die viel besseren Richter sitzen, und die können eine hohe Arbeitsbelastung durch viele Fälle nicht gut vertragen. Bei Richtern ist das wie mit Anzügen: Die guten darf man nicht so oft benutzen. Sie sind unbedingt zu schonen, damit sie dann bei den wirklich wichtigen Einsätzen ihren vollen Glanz entfalten können (wie zum Beispiel die erwähnte BGH-Entscheidung zu den Schönheitsreparaturen).

Wir beim Amtsgericht dagegen sind die Jeans des Justizbetriebs: günstig in der Anschaffung, strapazierfähig, ziemlich verwaschen und ausgefranst, aber dennoch nicht totzukriegen. Nur bei besseren Anlässen lässt man sie im Schrank.

Für die Anwälte ist der Vergleich ein zweischneidiges Schwert. Sie schneiden sich damit die Verdienstmöglichkeiten in der zweiten Instanz ab – andererseits verdienen sie beim Vergleich eine Extragebühr. Je nachdem, wie arbeitsintensiv die Sache ist – oder wie lästig der Mandant –, erscheint diese Gebühr als ausreichendes Trostpflaster.

Die Parteien, also diejenigen, die in den Rechtsstreit gezogen sind, um dem Gegner mal so richtig zu zeigen, wer Herr im Haus ist, sind in aller Regel sehr enttäuscht, wenn es zu einem Vergleich kommt. Sie hatten schließlich nicht nur die Erwartung, dass sie in der Sache obsiegen und den Rechtsstreit gewinnen – sie waren sich auch sicher, dass sie als moralischer Sieger vom Platz gehen und bei der Urteilsverkündung eine Fanfare erklingt, die kundtut, wer der Gute und wer der Böse ist.

Leider wurden vom Justizministerium schon vor langer Zeit die Fanfarenbläser aus Kostengründen abgeschafft, sodass die moralische Wertung insgesamt etwas zu kurz kommt. Und damit sind auch diejenigen benachteiligt, die vor Gericht immer erklären: »Wissen Sie, Frau Richterin, mir geht es nicht ums Geld – mir geht es ums Recht.«

Das Recht liegt aber oft in der Mitte. Darum der Kompromiss in Form des Vergleichs. Oder wie mein Ausbilder Schnaufer immer sagte: Den richtig guten Vergleich erkennt man daran, dass beide Seiten in gleichem Maße unzufrieden damit sind.

Er selbst war der absolute Vergleichskönig des Gerichts. Ich glaube, schon allein weil er die Nachmittage immer anderweitig verplant hatte, war er beseelt von einer tiefen Abneigung gegen Urteile. Ihm war es einfach wichtiger, bei schönem Wetter mit dem Hund Gassi zu gehen, als sich mit dem Abfassen schriftlicher Entscheidungen herumzuschlagen. Er, der selbst Hausbesitzer war, hat den Satz geprägt: »Morgens den Prozess vergleichen, nachmittags die Fenster streichen.«

Darum hatte er das Schließen von Vergleichen zur Kunstform erhoben. Ich habe versucht, seine Methode zu analysieren – schon um sie bei meinen Fällen anwenden und die Nachmittage auch vergnüglicher verbringen zu können: Er begann immer damit, dass er die Parteien, also Kläger und Beklagten, ausführlich erzählen ließ. Das passte zwar den

Anwälten oft nicht, denn häufig verplapperten sich die Parteien und plauderten Dinge aus, die man eigentlich vor Gericht nicht vorgetragen haben wollte. Aber was sollten sie machen? Der Richter wollte den Kläger hören, der Kläger wollte reden – da musste man eben in Kauf nehmen, dass gelegentlich die Wahrheit aufblitzte.

Was kam dann? Eine brillante juristische Analyse der Sach- und Rechtslage? Ein ausgefeilter Vorschlag zur gütlichen Beilegung des Rechtsstreits unter Einbeziehung des Prozessrisikos? Weit gefehlt. Es kam: ein trauriger Blick aus den tränensackbehängten braunen Augen, ein tiefer Seufzer und dann der Satz: »Ich kann Sie ja beide verstehen«.

Ich musste regelmäßig an den Witz denken von dem Richter, der erst eine Seite anhört und sagt: Da haben Sie recht. Dann die andere Seite und wieder sagt: Da haben Sie recht. Als sich ein Zuhörer zu Wort meldet, der einwendet, es könnten doch nicht beide Seiten recht haben, nickt der Richter: Da haben Sie jetzt auch wieder recht!

Und je aggressiver ein Anwalt versuchte, auf ihn einzuwirken und ihn mit Argumenten zu beeindrucken, umso trauriger wurde er. Weil er nämlich die menschliche Tragik, die sich hinter dem Fall verbarg, verstehen konnte. Ja, nicht nur verstehen – er trug sie gewissermaßen auf seinen eigenen Schultern, die über die Jahre durch die Last der vielen Tragik schon ganz ins Hängen geraten waren. Den Kontrahenten wurde klar, was sie diesem armen alten Mann mit ihrem Streit zumuteten.

Seine Frage: Wie können wir das denn lösen? fiel also meist auf fruchtbaren Boden. Und nicht selten kam der Lösungsvorschlag von einem der Streithähne.

So auch bei dem Fall der Damen Emilie Haberstroh (Vermieterin) und Erna Bächle (Mieterin). Die Damen bewohnten schon seit Jahrzehnten ein Mehrfamilienhaus zusammen mit anderen Mietern, die aber im Rechtsstreit keine Rolle spielten.

Das Verhältnis war immer gut gewesen, die Damen waren gewissermaßen gemeinsam ergraut, bis etwa drei Jahre zuvor die Mieterin Bächle angefangen hatte, an allem herumzunörgeln. Im Winter funktionierte die Heizung nicht, im Bad gab es Schimmel, das Balkongeländer war brüchig und sie selbst deshalb vom Absturz bedroht, im Sommer nahm ihr ein großer Baum vor dem Fenster das Licht, und die Rolläden klemmten.

Zunächst hatte sie sich darauf beschränkt, ihre Vermieterin deswegen immer wieder anzusprechen, später anzugiften. Schließlich verlangte sie die Reparatur kleinerer Schäden, was die Vermieterin Haberstroh auch erledigen ließ. Aber das reichte der Mieterin nicht, und so verlangte Frau Bächle die umfassende Sanierung ihrer Wohnung: neue Fliesen im Bad, neue Heizung, einen neuen Balkon, neue Rollläden und das Fällen der Kastanie vor dem Haus.

Eine Verständigung zwischen den beiden Damen war schon lange nicht mehr möglich – sie mutierten zu Furien, wenn sie versuchten, das Problem anzusprechen.

Deswegen saßen sie vor Gericht, denn Frau Haberstroh konnte sich die Kosten für die Sanierung nicht leisten. Die Rechtslage war schwierig, man hätte ein teures Gutachten einholen müssen über die Frage, ob der Zustand der Wohnung noch einem akzeptablen Standard entsprach. Die Vermieterin war der Meinung, ein altes Haus sei nun einmal kein Neubau, es sei ganz normal, dass kleinere Mängel vorlägen, dafür sei die Miete ja auch niedrig. Die Kastanie dürfe man nicht fällen, die sei über siebzig Jahre alt – sie könne höchstens ihren Gärtner anweisen, diese etwas zu stutzen.

Schnaufer, der alte Fuchs, bemerkte genau, dass Frau Bächle bei der Erwähnung des Gärtners zusammenzuckte. Hier hakte er ein und erfuhr, dass Frau Bächle bis vor drei Jahren immer den Garten gepflegt hatte. Dafür hatte sie nie Geld erhalten und auch keines verlangt. Dann hatte Frau Haberstroh beschlossen, dass die Arbeiten jetzt von einem Profi erledigt werden sollten, weil sie selbst und damit auch Frau Bächle inzwischen zu alt seien für körperliche Arbeit im Garten.

Die Kosten für den Gärtner hatte sie aus eigener Tasche bezahlt und glaubte, die Mieterin damit zu entlasten. Frau Bächle wollte aber gar nicht entlastet werden, fand jedoch keinen Weg, dies mitzuteilen – außer eben über das Meckern wegen der angeblichen Mängel ihrer Wohnung.

Fast unter Tränen erklärte sie, dass sie doch so an dem Garten hänge und nichts lieber täte, als ihn weiterhin zu pflegen. Von diesem Punkt zum Vergleich war es nicht mehr weit: Frau Haberstroh bot an, dass die Mieterin den Garten wieder pflegen dürfe – die Mieterin verzichtete auf die Sanierung der Wohnung. Die Vermieterin freute sich, dass sie nicht nur einige Hundert Euro für den Gärtner, sondern auch einige Tausend Euro für Heizung, Fliesen und Gutachter sparte, und übernahm die Prozesskosten.

Schnaufer schloss die Akten und freute sich ebenfalls: »No ka i heit Mittag glei no meine Beim schneida!« Und ich versuche seither seinen traurigen Blick zu kopieren – aber ich fürchte, es fehlen mir noch ein paar Tränensäcke.

EIGENBEDARF – WOHL DEM, DER EINE GROSSE FAMILIE HAT

Die einzig wirklich erfolgversprechende Kündigungsmethode ist die Eigenbedarfskündigung. Das ist ein guter, tragfähiger Grund, um Mieter aus der Wohnung zu setzen: Man braucht die Wohnung selbst – für sich oder nahe Angehörige. Sollte man meinen.

Komischerweise sind von Eigenbedarfskündigungen ganz oft Mieter betroffen, die zuvor schon häufiger Mängel angezeigt oder sich über Lärm beschwert haben, die Kehrwoche nicht regelmäßig machen, die Miete manchmal gar nicht, manchmal erst nach Aufforderung bezahlen, Streit mit Mitbewohnern haben – kurz, ihrem Vermieter immer wieder durch ihr Verhalten klarmachen, dass die Miete, die er einnimmt, hart verdient sein will.

Durch die intensive, zeitaufwändige Beschäftigung mit diesen Mietern scheint beim Vermieter eine tiefe Bindung zu der entsprechenden Wohnung zu entstehen, sodass er nach einiger Zeit den unbändigen Wunsch entwickelt, diese Wohnung selbst zu bewohnen. Egal, wo er vorher wohnte: Diese eine bestimmte Wohnung muss es sein – und dazu müssen leider, leider die Mieter weichen, auch wenn sie ihm durch die vielen Schriftwechsel, Telefonate, Ortsbegehungen und Gerichtstermine direkt ans Herz gewachsen sind.

Wenn es ihm selbst aus zwingenden Gründen nicht möglich ist, die Wohnung zu beziehen, dann doch zumindest einem der Kinder, der Mutter, der Schwester oder der Ehefrau, die sich vorübergehend trennen will. Weil der Mieter seinerseits aber ein ebenso inniges Verhältnis zu der Wohnung hat und sie gerade wegen ihrer zahlreichen Mängel tief ins Herz geschlossen hat, kommt es dann zu erbitterten Auseinandersetzungen.

Auch mein eigener Vater kam einst auf die glorreiche Idee, eine alte Mieterin, die sich über alles und jedes beschwerte und ihn mindestens einmal alle vierzehn Tage antanzen ließ, um Haus und Hof in Schuss zu halten, auf diese Weise loszuwerden. Als Eigenbedarfsgrund musste die Tochter herhalten, die mit ihrer kleinen Familie (Ehemann und Kind) in das Häuschen einziehen sollte.

Nach Ablauf der Kündigungsfrist – sie betrug ein Jahr, da das Mietverhältnis lange gedauert hatte – zog die Mieterin tatsächlich aus. Die Tochter aber nicht ein. Das Haus stand einige Zeit leer, was auch der Mieterin nicht verborgen blieb.

Sie reichte Klage beim Amtsgericht ein auf Schadensersatz. Der Eigenbedarf sei nur vorgetäuscht gewesen, und der Vermieter, mein Vater, solle ihr die Umzugskosten erstatten.

Mein Vater wehrte sich natürlich und trug vor, der Eigenbedarf sei ursprünglich schon vorhanden gewesen, aber inzwischen weggefallen, weil die Ehe in die Brüche gegangen, die räumliche Trennung schon erfolgt sei, nun nicht schon wieder ein Umzug stattfinden solle und das Häuschen überdies für nur zwei Personen zu groß sei. Ja, ich weiß, klingt haarsträubend – und der Richter hat es auch nicht geglaubt, sondern meinen Vater ordentlich zu Schadensersatz verurteilt.

Noch etwas haarsträubender fand ich allerdings die Geschichte mit dem Eigenbedarf für die 87-jährige Mutter der Vermieterin. Die Wohnung, um die es ging, war ein Loft –

also ein ehemaliger Industriebau im Stuttgarter Osten, der jetzt zu Wohnzwecken genutzt wurde. Bewohnt wurde er von einem jungen Paar, Herr und Frau Schröder – der Mann betrieb darin auch sein Atelier.

Es kam immer wieder zu Streitereien mit der Vermieterin – mal waren die Fenster undicht und sollten saniert werden, mal funktionierte die Heizung nicht ausreichend, dann war es die Kehrwoche, dann die Müllentsorgung. Eines Tages kündigte die Vermieterin wegen Eigenbedarfs. Zur Begründung führte sie aus, ihre 87-jährige Mutter, die derzeit bei ihr im Haus (in einem noblen Stuttgarter Vorort) wohne, wolle in die Wohnung ziehen.

Den Schröders kam das genauso seltsam vor wie mir, also zogen sie nicht aus, sondern ließen sich auf Räumung verklagen. Die Vermieterin, Frau Lessenschmidt-Bürkle, zögerte auch nicht lange und reichte Räumungsklage ein.

Wir verhandelten mündlich – Frau Lessenschmidt-Bürkle erklärte, ihre alte Mutter bedürfe immer mehr der Pflege, und das sei in der bisherigen Situation sehr schwierig, da die Mutter einen Stock über ihr wohne. Zöge sie in das Loft, könne sie, die Tochter, problemlos zu Besuch kommen und dann mit der Mutter auf einer Ebene leben. Außerdem erweitere sich auf diese Weise der Radius der leicht gehbehinderten Mutter – die Fläche sei einfach größer. Dass das Loft im ersten Stock lag und auch nur über eine steile Treppe zu erreichen war, focht die Dame in ihrer Argumentation nicht an.

Ich hatte, gelinde gesagt, Zweifel. Ohne eine Aussage der Mutter selbst wäre der Fall nicht zu entscheiden – das Problem war, dass keine der Parteien die Mutter als Zeugin benannte. Frau Lessenschmidt-Bürkle wollte ihrer Mutter den aufreibenden Auftritt vor Gericht ersparen (nicht aber den Umzug...) und sie deswegen nicht benennen. Schröders waren aus nachvollziehbaren Gründen an einer Aussage nicht interessiert. Von selbst konnte ich nicht aktiv werden – im Zivilprozess darf der Richter nicht »von Amts wegen« ermitteln und diejenigen Zeugen laden und befragen, die er für sachdienlich hält. Er muss sich auf das stützen, was die Parteien ihm vortragen. Ich hatte mich schon weitgehend dazu durchgerungen, die Räumungsklage abzuweisen, weil ich den Eigenbedarf nicht für glaubhaft hielt.

Da kam nach wenigen Wochen die Mitteilung, Familie Schröder sei nun ausgezogen – sie hätten ein paar Häuser weiter ein passendes Objekt gefunden. Fein, dachte ich, dann ist der Fall ja beendet, und wir brauchen die komische Geschichte nicht aufzuklären.

Doch weit gefehlt. Die Schröders bestanden darauf, dass festgestellt werde, dass die Kündigung unrechtmäßig erfolgt sei. Also machte ich einen Ortstermin, um mir das Loft anzuschauen – ob es überhaupt als Behausung für eine alte Dame geeignet ist. Was ich vorfand, war eine unwirtliche Baustelle.

Ein riesiger lang gezogener Raum mit einer Fensterfront, zwei kleinere abgeteilte Räume, dunkle Küche, dunkles Bad. Überall Bauschutt und Gips, der von den Wänden bröckelte. Dies sei aber, so versicherte mir Frau Lessenschmidt-Bürkle, nur ein vorübergehender Zustand – man müsse das Loft eben etwas malermäßig überarbeiten, damit sich die Frau Mutter auch wohlfühle. Das werde noch einige Wochen dauern, aber dann könne der Einzug erfolgen.

Meine Skepsis wurde nicht geringer, und allzu gerne hätte ich die Klage entschieden. Aber das ging noch nicht – erst wollten die Anwälte Stellung nehmen zum Ergebnis der Beweisaufnahme. Und endlich, endlich rang sich auch die Klägerin durch, ihre Mutter als Zeugin zu benennen.

Sofort lud ich sie als Zeugin, und keine drei Termine später… wegen Unpässlichkeit der alten Dame (und vermutlich wegen einer Verzögerung in den Renovierungsarbeiten) musste der Termin immer wieder verschoben werden.

Doch, doch, so bestätigte sie, als sie endlich krückengestützt vor Gericht stand, die Wohnung wolle sie gerne beziehen. Dass es dort etwas kühl und unwirtlich sei, würde sie nicht stören, und die Gegend sei ihr auch nicht unbekannt, schließlich habe sie schon vor vierzig Jahren einmal in dem Ortsteil gelebt. Das Wegziehen aus dem schönen Vorort mache ihr gar nichts, genauso wenig wie die Tatsache, dass sie dann nicht mehr im Haus der Tochter leben würde, denn schließlich könne ihre Tochter ja regelmäßig zu Besuch kommen. Außerdem sei sie inzwischen in die Wohnung auch schon eingezogen – zumindest mit einem Großteil ihrer Möbel, und sobald das Problem mit der Heizung gelöst sei, würde sie dort auch leben.

Ich war ungläubig, die Gegenseite bestritt all dies aufs Heftigste, und so kamen wir überein, dass wir ganz spontan einen Ortstermin in der Wohnung machen würden. Glücklicherweise hatte ich eine Lücke im Terminkalender, sodass wir uns alle gemeinsam in Richtung Loft aufmachten. Insgeheim hoffte ich, dass sich die Geschichte der Damen Lessenschmidt-Bürkle und Mutter als große Lüge entpuppen würde. Es konnte doch nicht sein, dass eine Vermieterin ihre 87-jährige Mutter ins Rennen schickte, nur um unbequeme Mieter loszuwerden. Und es konnte doch noch viel weniger sein, dass die Mutter tatsächlich all diese Unbilden auf sich nahm, nur um für die Tochter den Prozess zu gewinnen. Doch tatsächlich: Es befanden sich Möbel in der Wohnung – nicht viele, aber eine Grundausstattung. Nicht schöne, aber wer will schon den Geschmack von anderen beurteilen. Es war nicht ansprechend, es war nicht gemütlich, es war nicht warm – aber es war bewohnbar.

Die Schröders waren genauso konsterniert, wie ich es war nur durften sie es wenigstens zeigen. Ich hatte ja ganz im Sinne der richterlichen Neutralität unbeteiligt und kühl zu bleiben. Ihre Anwältin versuchte noch, das eine oder andere lauwarm anzuzweifeln, aber allen war klar: Der Prozess war verloren. Wie auch immer: Mutter und Tochter hatten es geschafft, den Eigenbedarf realistisch darzustellen.

Sollte das ganze Manöver tatsächlich nur aus Prozesstaktik erfolgt sein, so mussten die Damen die Fassade allerdings lange Zeit aufrechterhalten, denn ich bin mir ziemlich sicher, dass die Eheleute Schröder in den Folgemonaten regelmäßig an der Wohnung vorbeipatrouillierten, um zu überprüfen, ob die Mutter wirklich darin wohnte. Und vielleicht habe ich auch gelegentlich in der Gegend zu tun und kann ganz zufällig einen Blick aufs Klingelschild werfen, wer weiß?

Ein anderer Fall der Eigenbedarfskündigung war dagegen schnell erledigt. Eine ältere Dame hatte für ihren gehbehinderten Mann eine Erdgeschosswohnung gekauft und war mit ihm gemeinsam eingezogen. Während einer Kur hatte sie aber einen anderen Mann kennengelernt, mit dem sie seither eine Beziehung pflegte.

Da die Pflege der Beziehung auf die Entfernung schwierig war, sollte der neue Freund zu ihr ziehen und der Ehemann deswegen – logischerweise – aus der Wohnung ausziehen. Da es wenig Gegenargumente gab, machte ich frühzeitig einen Vorschlag mit einer auch für den Ehemann akzeptablen Räumungsfrist.

Während der Anwalt des Ehemanns in einer Verhandlungspause im Gang mit dem Ehemann telefonierte, um den Vorschlag zu diskutieren, erzählte die Klägerin, dass vor allem ein Ereignis sie zur Klage bewogen hatte: Sie hatte sich mit ihrem Freund wie so oft in Stuttgart-Feuerbach im Etap-Hotel zu einem Stelldichein getroffen. Eines Nachts habe es aber dort in der Rezeption einen bewaffneten Überfall gegeben, in dessen Folge mehrere Einsatzkommandos der Polizei nach den Tätern gesucht hatten. Dazu waren sie nachts um zwei Uhr mit Maschinengewehren im Anschlag in alle Zimmer gekommen und hatten auch sie und ihren Freund, nun ja, wie solle man das sagen, also gewissermaßen aus dem Schlaf gerissen. Da mir völlig klar war, dass solche Erlebnisse für das Herz der betagten Dame eine echte Gefahr darstellten, fand ich, dass damit der Eigenbedarf für die Wohnung ausreichend begründet sei. Der Vergleich kam dann auch zustande.

WENN DER MIETER FRÜHER RAUSWILL

Hartnäckig hält sich das Gerücht, man müsse drei Nachmieter stellen, wenn man aus einem Mietvertrag herauswill. Das stimmt nur, wenn man aus einem langfristigen Vertrag aussteigen möchte und der Vermieter es akzeptiert, dass man ihm Nachmieter benennt. So richtig Anspruch hat man aber nicht darauf.

Viele Mieter glauben, damit die normale Kündigungsfrist von drei Monaten abkürzen zu können. Wenn man eine Wohnung sucht, ist es ja oft so, dass man im April eine findet, in die man zum 1. Mai einziehen kann. Dann kann man aber erst im Mai die alte Wohnung kündigen und müsste theoretisch drei Monate lang für zwei Wohnungen parallel

Miete bezahlen. In dieser Situation erinnern sich dann viele Mieter daran, dass sie doch irgendwo einmal etwas über Nachmieter gelesen haben, und machen sich auf die Suche.

Lange Gesichter gibt es, wenn der Vermieter sich nicht darauf einlässt, dass die Cousine mit ihren beiden süßen Kindern und ihrem derzeitigen Lebensabschnittsgefährten in die Wohnung einziehen will. Muss er aber auch nicht – die Geschichte mit den Nachmietern ist ein Märchen.

Im selben Fabelbuch steht auch geschrieben, dass die Mieter die letzten beiden Mieten mit der Kaution verrechnen dürfen. Sie haben auf Ende Juni gekündigt und stellen dann ganz flott ab Mai ihre Mietzahlungen ein, weil sie ja zwei Monatsmieten als Kaution hinterlegt haben. Wenn sie besonders nett sein wollen, teilen sie ihrem Vermieter in einem Brief mit, er möge die letzten beiden Mieten doch bitte mit der Kaution verrechnen. Auch das muss er nicht. Die Kaution dient der Sicherung aller Ansprüche des Vermieters – also rückständiger Mieten, aber auch Nachzahlungen wegen Nebenkosten und vor allem auch Schäden in der Wohnung.

Der Vermieter wäre also ganz schön doof, wenn er die Kaution mit den beiden letzten Mieten verrechnen würde, solange er noch gar nicht weiß, ob er die Wohnung in ordentlichem Zustand wiederbekommt oder ob nicht vielleicht eine satte Heizkostennachzahlung ansteht. Und er muss auch nicht – um mit einem weiteren Irrglauben auch gleich aufzuräumen – die Kaution innerhalb von drei Monaten zurückzahlen. Das steht nirgends, außer in den oben genannten Märchenbüchern. Der Vermieter darf die Kaution so lange behalten, bis klar ist, dass er keine Gegenansprüche mehr hat. Das kann teilweise über ein Jahr dauern, wenn zum Beispiel die Nebenkostenabrechnung noch nicht vorliegt. Und er darf – das ist wichtig – selbst entscheiden, womit er die Kaution verrechnet.

Wenn also die Mieter vorzeitig die Mietzahlung einstellen unter Hinweis auf die Kaution und der Vermieter die letzten Mieten einklagt, gewinnt er den Prozess – selbst wenn er die Kaution am Ende in voller Höhe zurückzahlen muss, weil keine Schäden vorliegen und auch sonst nichts mehr zu zahlen ist. Also, liebe Mieter: Bitte nicht gegen die Kaution aufrechnen – das ist Job des Vermieters!

Und gleich noch ein wertvoller Tipp: Lassen Sie sich für die Kaution eine Quittung geben. Sonst geht es Ihnen wie den drei Studenten, die in Stuttgart ihre erste Studentenbude gemietet haben. Ich habe sie für mich Tick, Trick und Track genannt, und es waren wirklich drei sehr nette Kerle, die ich gerne augenblicklich adoptiert hätte, obwohl sie einen Rechtsstreit bei mir führten.

Sie verlangten nämlich von ihrem ehemaligen Vermieter ihre Kaution zurück. Immerhin drei Monatsmieten hatten sie, so trug ihr Anwalt vor, bezahlt. Das einzige Problem: Die Zahlung war angeblich in bar erfolgt, und sie hatten keine Quittung dafür.

Der Vermieter erklärte, er habe die Kaution nie erhalten. Tick, Trick und Track schilderten ganz genau den Ablauf der Zahlung. Erst habe man das Geld bei der Mutter von Tick im Büro abgeholt, dann dem Vermieter gebracht, der gerade in Stuttgart war. Die Mutter bestätigte das als Zeugin und ergänzte auch noch, dass sie das Geld zuvor am Geldautomaten abgehoben hatte. Der Vermieter konnte aber nachweisen, dass er an diesem Tag auf einer Auslandsreise war und nicht in Stuttgart.

Ach so, erklärten die drei Studenten, es sei ja auch am Tag vorher gewesen – man habe sich nur im Datum vertan.

Das wisse man deshalb so genau, weil man hinterher nämlich ins Fußballstadion gegangen sei, um sich ein WM-Spiel anzuschauen. Leider fand am genannten Tag in Stuttgart kein WM-Spiel statt. Darauf Tick, Trick und Track: Ja, dann habe man sich eben noch mal im Tag geirrt, das könne ja passieren. Außerdem habe der Vermieter die Kaution ja nie angemahnt, daran könne man sehen, dass er sie erhalten haben müsse.

Der Vermieter erklärte daraufhin, er sei eben nicht von der geldgierigen Sorte und habe den jungen Menschen gegenüber nicht auf der Bezahlung der Kaution bestehen wollen. Er sei ja auch einmal jung gewesen und schließlich kein Unmensch.

Ich versuchte, den Anwalt der drei zu einer Rücknahme der Klage zu bewegen, weil es doch aussichtslos sei. Er wollte das aber nicht tun und meinte, auch wenn jetzt einiges schiefgelaufen sei, zeige das doch nur, wie redlich seine Mandanten seien, die sich im Vorfeld keine wasserdichte Geschichte ausgedacht hätten, was zeige, dass sie keine Lügner seien.

Wie gesagt, ich fand sie alle drei sehr sympathisch und wollte nicht glauben, dass sie logen. Aber die Rechtslage ist nun einmal so, dass derjenige, der etwas haben möchte, beweisen muss, dass er es auch zu bekommen hat. Entsprechend wies ich die Klage ab und schrieb ihnen bedauernd in die Gründe, dass es eben nicht ausreiche, gar keine Beweise zu haben und sich mehrfach in Widersprüche zu verstricken; ein wenig mehr greifbare Substanz außer aufrichtigen Blicken aus treuherzigen Augen dürfe schon sein.

SPRUNG IN DER SCHÜSSEL

Seit Jahren tobt ein erbitterter Krieg in der deutschen Miet-landschaft. Veritable Grundrechte werden als Geschütze aufgefahren, ganze Legionen von Rechtsanwälten werden ins Schlachtfeld geschickt, und man könnte meinen, der sofortige Untergang der westlichen Welt stünde auf dem Spiel.

Dabei geht es letztlich nur darum, den Empfang von gefühlt 3760 Fernsehsendern zu gewährleisten. Zwar ist verständlich, dass die Menschen das Bedürfnis haben, am Samstagabend über Florian Silbereisen oder Markus Lanz hinaus auch etwas anderes zu sehen, allerdings fragt man sich, ob Sendungen wie »Deutschland sucht den Superstar«, »Frauentausch« oder »Bauer sucht Frau« wirklich die Vehemenz rechtfertigen, mit denen um sie gezankt wird.

Wie dem auch sei, fest steht: Über kaum etwas wird so erbittert gestritten, wie über die Parabolantenne oder auch »die Schüssel«. Lange Zeit wuchsen Parabolantennen wie Pilze aus Hauswänden, überall konnte man diese Schüsseln sehen. Manche standen auf dem Dach, manche auf Balkonen, wieder andere waren an die Hauswand angeschraubt oder ans Fenster geklemmt. Es gab unterschiedliche Größen und Farbgestaltungen von braun bis weiß. Man muss das nicht zwingend schön finden. So ging es auch vielen Vermietern, die deshalb versuchten, die Parabolantennen zu verbieten.

Da die aber in den Mietverträgen ursprünglich nicht erwähnt waren, weil sie erst durch eine technische Neuerung überhaupt ins Spiel kamen, war das nicht ganz so einfach. Schließlich kam aber ein findiger Anwalt auf die Idee, das

Grundrecht über die Unverletzlichkeit des Eigentums zu bemühen.

Falls Sie Ihr Grundgesetz gerade verlegt haben, sei der einschlägige Paragraf hier kurz zitiert. (Paragraf ist hier übrigens die falsche Bezeichnung – die Unterabschnitte im Grundgesetz werden »Artikel« genannt und haben, gleich den Artikeln in einem Warenhaus, eine Artikelnummer. Vielleicht wird auch bald ein Barcode eingeführt, damit sie an der Kasse leichter eingescannt werden können, wer weiß?)

Hier kommt also Artikel 14:

(1) Das Eigentum und das Erbrecht werden gewährleistet. Inhalt und Schranken werden durch die Gesetze bestimmt.

(2) Eigentum verpflichtet. Sein Gebrauch soll zugleich dem Wohle der Allgemeinheit dienen.

(3) Eine Enteignung ist nur zum Wohle der Allgemeinheit zulässig...

Der Trupp der Vermieter rottete sich also zusammen und erklärte, die Parabolantennen seien mit Schrauben an der Hauswand festgemacht, und die Bohrlöcher beschädigten ihr Eigentum. Außerdem würden die Mieter die Kabel von der Schüssel zum Fernseher durch die Fensterrahmen führen und diese zu diesem Zweck auch durchbohren, das sei unzumutbar. Stellen wir uns eine erboste Vermieterrotte mit einem Transparent vor:

**Parabol an Hausfassaden
ist fürs Eigentum ein Schaden!**

Die Mieter hielten natürlich dagegen, sie hatten schließlich Geld investiert in ihre Schüsseln und wollten nicht so einfach davon lassen. Sie erklärten, die Bohrlöcher könnten nach dem Auszug ja wieder verschlossen werden. Ihre Parole lautete also:

> Ziehn wir aus nach einer Weile,
> machen wir die Schäden heile.

Die Vermieter, die schon ordentlich in Fahrt waren, mochten das natürlich als simples Versprechen nicht glauben, hatten sie doch schon zu viele Mieter einfach verschwinden und die Wohnung in Trümmern hinterlassen sehen. Also verlangten sie zur Absicherung die Hinterlegung einer Kaution und schrieben ein neues Transparent:

> Ich vertrau dir nicht, mein Sohn,
> lieber nehm ich 'ne Kaution.

Klar, dass viele Mieter keine Lust hatten, eine weitere Kaution zu hinterlegen. Sie wurden kreativ und dachten über alternative Aufstellungsmöglichkeiten nach. Sie fanden den Ständer, der mobil auf dem Balkon aufgestellt wurde – ohne dass es gebohrter Löcher bedurft hätte. Außerdem kamen sie auf die Idee, ganz flache Kabel zum Einsatz zu bringen, die zwischen Fenster und Rahmen durchgeführt werden konnten, ohne dass ein Schaden entstand, so skandierten sie bei unserer imaginären Demo:

> Schön für Augen und auch Ohren:
> Schüsseln so ganz ohne Bohren!

Da hatten sie natürlich nicht mit der Militanz der Vermieterfraktion gerechnet, die jetzt nachrüstete und das Grundrecht weiter auslegte. Nicht nur die Verletzung der Bausubstanz sei schließlich ein Eingriff in das Eigentumsrecht, nein, auch eine optische Beeinträchtigung sei geeignet, den Vermieter in seinem Grundrecht zu verletzen. Und es gebe ja schließlich die Möglichkeit, über Kabel alle relevanten Sender zu empfangen:

> Statt der Schüssel, dieser schiefen,
> bieten wir Alternativen:
> Mieter haltet nun den Schnabel,
> ihr kriegt Fernsehn jetzt durch Kabel.

Jetzt mussten allmählich auch die Mieter aufrüsten und griffen ebenfalls zur Waffe der Grundrechte. Sie seien hier nämlich berührt in ihrem Grundrecht auf Informationsfreiheit – so nachzulesen in Artikel 5:

(1) Jeder hat das Recht, seine Meinung in Wort, Schrift und Bild frei zu äußern und zu verbreiten und sich aus allgemein zugänglichen Quellen ungehindert zu unterrichten. Die Pressefreiheit und die Freiheit der Berichterstattung durch Rundfunk und Film werden gewährleistet. Eine Zensur findet nicht statt …

Sie müssten in der Lage sein, sich aus allgemein zugänglichen Quellen ungehindert zu unterrichten.

Der Kabelanschluss sei aber nicht frei zugänglich, da mit monatlichen Kosten verbunden, und die seien für viele unerschwinglich. Und so protestierten die Mieter:

> Kabel ist uns nicht geheuer,
> das ist einfach viel zu teuer!

Dieser Schuss wurde von den Vermietern, flankiert von den Gerichten, simpel gekontert:

Kosten sind uns ganz egal,
willst du Fernsehen schaun, dann zahl!

Jetzt schlug die große Stunde der Mitbürger mit Migrationshintergrund: Für diese stellte das Kabel nämlich keine Alternative dar, da über Kabel keine oder nur wenige ausländische Sender zu empfangen waren. Die Menschen mit Wurzeln in anderen Staaten besannen sich aber auf ihr Recht, den Kontakt mit der alten Heimat zu halten und von dort ungehindert Informationen zu bekommen.

Aus dem Ausland bringt das Kabel
nicht genug, das ist blamabel.

Die Kabelanbieter gesellten sich zur Armee der Vermieter und rüsteten ihre Schlagkraft und ihr Angebot auf, indem sie Spezialpakete mit ausländischen Sendern anboten.

Von Italien bis Türkei,
mit 20 EUS bist du dabei.

Die Armee der Mieter wurde deutlich schwächer. Zwar war die Lösung nicht optimal, aber man gab sich der Übermacht von Vermietern, Kabelanbietern und Gerichten geschlagen. Nur ein versprengtes Häufchen von Unbeugsamen hielt die Fahne noch hoch. Es waren die Angehörigen von so kleinen Minderheiten, dass sie als Kunden für die Kabelgesellschaften nicht rentabel waren. Ihr Motto lautete:

Doch exotischere Länder:
Fehlanzeige, keine Sender!

Mein persönliches Lieblingsargument der Vermieterseite kam erst relativ spät im Verlauf der Auseinandersetzung auf den Tisch. Es zeigt aber, mit welch menschlicher Wärme, Tiefe und Reife man es zu tun hat. Das Vorhandensein von Parabolantennen an einem Haus zeige, dass darin in größerer Anzahl »Ausländer« wohnten – und das sei schlecht fürs Image und damit für den Mietertrag. Es war für die Vermieter also völlig in Ordnung, ihre Wohnungen an Ausländer zu vermieten und Miete zu kassieren. Aber sehen sollte man es nach außen hin nicht, weil das geschäftsschädigend sei. Hurra, solche Dinge darf man ungestraft in Anwaltsschriftsätze schreiben. Stellen Sie sich also schamfreie Vermieter vor, die laut skandieren:

> **Hängen Schüsseln an der Wand,**
> **dann wird überall bekannt,**
> **wo Migrantenvolk verkehrt,**
> **und das Haus wird wen'ger wert.**

Wenn Sie jetzt noch Lust haben, können Sie im Folgenden ein anwaltliches Beratungsgespräch zum Thema belauschen. Ich kann es Ihnen aber auch nicht verdenken, falls Sie schon genug haben, dann springen Sie einfach weiter zum nächsten Kapitel!

Die Stuttgarter Mieterin Mona wurde von ihrem Vermieter aufgefordert, die Parabolantenne abzumontieren.

Die Anwältin klärte sie auf: Wenn das Haus einen Kabelanschluss hat, muss sie sich wahrscheinlich geschlagen geben. Das Beratungsgespräch verlief so:

Mona: Kabel ist da, aber warum soll ich für etwas zahlen, was ich auch so haben kann? Die Schüssel habe ich ja längst bezahlt.

Anwältin: Das ist egal. Wenn es Kabel gibt, müssen Sie umsteigen. Es sei denn, Sie hätten einen Migrationshintergrund.

Mona: Meine Mutter stammt aus Mecklenburg-Vorpommern. Reicht das?

Anwältin: Nun, um in Stuttgart auf Generationen hinaus als »Hereingeschmeckte« zu gelten, reicht das schon. Aber Ihrem Vermieter gegenüber können Sie damit nicht punkten. Wir könnten die kombinierte Lösung versuchen.

Mona: Was ist das?

Anwältin: Sind Sie verheiratet?

Mona: Ledig. Mein Freund zögert noch.

Anwältin: Dann könnte es gehen. Wir bearbeiten in der Kanzlei auch Asylrechtsfälle und haben eine Liste mit heiratswilligen Asylbewerbern aus sehr exotischen Ländern.

Mona: Sie meinen also, ich soll einen Pakistani heiraten?

Anwältin: Damit wäre doch allen geholfen. Der Pakistani bekommt seine Aufenthaltsgenehmigung, Sie dürfen Ihre Schüssel behalten!

Mona: Und mein Freund?

Anwältin: Sie müssen sich entscheiden: Herz oder Glotze!

Mona: Sie sind genial. Zeigen Sie mir die Liste.

Ich persönlich warte ja darauf, bis ein deutscher Mieter ein weiteres Grundrecht ausgräbt und erklärt, es verstoße gegen den Gleichheitsgrundsatz des Artikel 3:

(1) Alle Menschen sind vor dem Gesetz gleich.

(2) Männer und Frauen sind gleichberechtigt. Der Staat fördert die tatsächliche Durchsetzung der Gleichberechtigung von Frauen und Männern und wirkt auf die Beseitigung bestehender Nachteile hin.

(3) Niemand darf wegen seines Geschlechtes, seiner Abstammung, seiner Rasse, seiner Sprache, seiner Heimat und Herkunft, seines Glaubens, seiner religiösen oder politischen Anschauungen benachteiligt oder bevorzugt werden. Niemand darf wegen seiner Behinderung benachteiligt werden.

Schließlich ist es gegen die Gleichbehandlung, wenn der Russlanddeutsche neben ihm eine Parabolantenne haben darf, um Heimatsender aus Sibirien empfangen zu können, während er selbst teure Kabelgebühren bezahlen muss, um Melodien der Heimat auf MDR sehen zu können.

§ 3: WAND AN WAND –
DAS NACHBARRECHT

Schnucki ist unglücklich. Alle sind gegen sie. Die Nachbarn im Haus haben einen Anwalt konsultiert, und der hat einen ganz bösen Brief geschrieben. Dabei könnte alles so schön sein. Seit seine Frau ihn mit Sack und Pack vor die Tür gesetzt hat, wohnt ihr neuer Freund bei ihr. Sie haben so viel Spaß zusammen. Gut, alle zwei Wochen kommen seine Bälger zu Besuch, da wird es dann ein wenig eng und trubelig, aber so ein Wochenende geht ja schnell vorüber, und dann können sie wieder die Zweisamkeit genießen. Alles perfekt also. Doch nun das.

Aber Schnucki will sich wehren. Das lässt sie nicht auf sich sitzen. Wozu ist sie denn im Mieterverein? Dort will sie sich beraten lassen und lässt sich einen Termin geben.

Im Mieterverein geht es auch nicht so förmlich zu wie bei einem richtigen Rechtsanwalt. Eher ein bisschen wie in einer Teestube. Der Mann, der da sitzt, ist zwar auch Anwalt, aber der Anzug, den er trägt, hat seine besten Tage schon lange hinter sich; und so gut können die nicht gewesen sein, damals auf dem Bügel bei C & A.

Der Anzugträger heißt Rechtsanwalt Krämer und wirkt mindestens genauso verknittert wie das gute Stück, das er trägt. Sein Rasierapparat scheint defekt zu sein, und offenbar leidet er auch noch unter einer Shampooallergie, der arme Kerl. Den Leuten hier geht es eben um die Menschen, um die Mieter und deren Wohl und nicht so sehr ums Geldverdienen, denkt Schnucki und fühlt sich gleich wie zu Hause.

Sie geniert sich ein wenig, den nachbarlichen Brief zu zeigen, also fragt sie erst einmal ganz allgemein, wie denn das so wäre, wenn die Nachbarn im Haus sich beschwerten. Wie man sich denn da wehren könne.

Die Miene des freundlichen Herrn Krämer verdüstert sich. Das sei ja, so sagt er, kein klassisches Mietrecht. Mietrecht würde sich abspielen zwischen Mietern und Vermietern. Wenn der Anwalt der Nachbarn aber ihr direkt geschrieben habe, sei das eher Nachbarrecht. Ganz schwierige Materie. Und leider, leider könne er da im Rahmen der Mietervereinsberatung gar nichts für sie tun, laut Statuten.

Aber sie habe Glück. Er habe ja seine Kanzlei gleich um die Ecke, und wenn sie morgen Zeit habe, könne er ihr gleich einen Termin geben. Schnucki ist etwas verunsichert, denkt an die Kosten, traut sich aber nicht zu fragen. Schüchtern beginnt sie: »Ja, ist das denn auch im Rahmen vom Mieterverein…?«

Der Anwalt lächelt sie gewinnend an: »Machen Sie sich mal keine Sorgen – eine Erstberatung kostet nicht die Welt« und komplimentiert sie nach draußen. Nun zögert Schnucki, schließlich hat sie keine Rechtsschutzversicherung und Angst vor einer hohen Rechnung.

Aber der Anwalt ist hochzufrieden. Die Nachbarn von Schnucki haben alles richtig gemacht. Sie haben die goldenen Regeln im Nachbarschaftsrecht intuitiv befolgt: Ärgern, absprechen, Anwalt einschalten.

Statt Schnucki frühzeitig freundlich auf ihre Beschwerden anzusprechen, haben sie sich erst einige Zeit geärgert. Dann untereinander getuschelt und sich gegenseitig bestärkt, dass diese Person nun wirklich das Allerletzte sei. Jeder konnte ein paar Episoden beitragen, und schließlich fand sich einer, dessen Schwager Rechtsanwalt ist. Sehr gut haben sie das gemacht – auch als alle im Haus wussten, wo das Problem ist, haben sie nicht einen Sprecher auserkoren, der versucht, die Sache mit Schnucki zu klären. Nein, sie haben den Rechtsanwalt losgeschickt, der in der bekannt freundlichen, zuvorkommenden und kommunikationsfördernden Art von Rechtsanwälten die Sache in die Hand genommen hat [»Fordere ich Sie hiermit im Sinne eines friedlichen Zusammenlebens auf, die oben geschilderten Missstände, die alleine auf Ihr vermutlich böswilliges Fehlverhalten zurückgehen, umgehend, spätestens aber bis zum (hier folgt eine kurz gehaltene Frist) abzustellen. Als Störerin in der bislang harmonischen Hausgemeinschaft haben Sie selbstverständlich meine Kosten zu tragen, die ich wie folgt beziffere (hier folgt eine nicht sparsam gehaltene Summe)…«]

Auch Schnucki hat alles richtig gemacht. Sie hat sich nicht etwa an eine der Nachbarinnen gewandt, um im Gespräch zu klären, wo das Problem liegt, und sich womöglich zu entschuldigen, was ja einem Schuldanerkenntnis gleichkäme. Nein, sie ist zu ihm gekommen und hat damit den Weg bereitet für einen schönen Rechtsstreit. Bisher sind es nur die Nachbarn, die auf die Barikaden gegangen sind, aber es müsste doch zu machen sein, dass man auch den Vermieter mit ins Boot holt. Und dann müsste es mit dem Teufel zugehen, wenn daraus nicht ein prächtiger Räumungsrechtsstreit zu basteln wäre.

Der Anwalt macht sich ein paar Notizen für eine gesalzene Erwiderung, mit der er ins bereits recht ansehnlich lodernde Feuer noch ein paar Tröpfchen Öl schütten kann. Apropos Öl.

MEINE MUTTER UND DAS ERDÖL

Vor einigen Jahren ärgerte sich meine Mutter monatelang über einen Baum auf dem Nachbargrundstück, der furchtbar hoch geworden war und ihr das Licht nahm. Der Baum war aber in ausreichendem Abstand gepflanzt und machte auch sonst eigentlich nichts falsch. Groß war er schon lange, und dass er auf einmal störte, lag eher daran, dass meine Mutter im Ruhestand die Gartenarbeit für sich entdeckt hatte und sich nun um die Schönheit des Rasens kümmerte, was ihr früher ziemlich egal gewesen war. Und der Rasen litt unter dem großen Baum, denn er verschattete eine große Fläche, sodass dort mehrheitlich Moos wuchs und ein paar Pilze, die ungenießbar aussahen.

Ob es denn keine Möglichkeit gebe, den Nachbarn zum Entfernen des Baumes zu zwingen, fragte sie mich mehrfach und ließ dabei durchblicken, dass sie erwartete, dass sich die Kosten für mein langes Jurastudium nun endlich einmal rentierten. Ich wälzte die Vorschriften über Grenzabstände, überlegte, welche Unterlassungsansprüche einschlägig sein könnten, suchte nach Urteilen, wurde aber nicht fündig.

Schließlich rief sie mich eines Tages freudestrahlend an

und sagte, sie habe jetzt eine totsichere Methode gefunden. Ich dachte mit Schrecken an die Pilze und vermutete schon, sie wollte den Nachbarn zum Essen einladen und das Problem so lösen.

Doch die Mordgelüste meiner Mutter bezogen sich weniger auf den Nachbarn als vielmehr auf den Baum. Sie habe nämlich aus fachkundiger Quelle erfahren, erklärte sie mir stolz, dass, wenn man den Stamm eines Baumes immer wieder mit Erdöl – also Heizöl, von dem sie ja genügend im Keller hatte – bepinsele, er dann ganz von selber eingehe.

Über das »ganz von selber« könne man streiten, erwiderte ich und wies sie darauf hin, dass das, auch wenn sie es heimlich mache, doch Sachbeschädigung wäre. Und damit genau genommen strafbar. Beleidigt legte sie auf.

In den nächsten Wochen traute ich mich nicht, das Thema wieder anzuschneiden. Mir war flau bei dem Gedanken, dass meine Mutter des Nachts in Nachbars Garten einsteigen könnte, um mit dem Ölkännchen dem Baum den Garaus zu machen. Kurz vor Weihnachten besuchte ich sie und stellte fest, dass der Baum fehlte.

Ich schaute sie fragend und ein wenig vorwurfsvoll an. Sie grinste übers ganze Gesicht und meinte: »Du wirst es nicht glauben – bei dem Sturm neulich hat der Blitz eingeschlagen und den Stamm gespalten. Der Baum musste aus Sicherheitsgründen gefällt werden. Ich musste nicht einen einzigen Tropfen Öl verwenden!«

So einen Blitz zur rechten Zeit könnte man häufiger brauchen. Aber die Treffsicherheit der handelsüblichen Blitze lässt stark zu wünschen übrig. Vielleicht liegt es daran, dass die Wunschziele am liebsten zu Hause vor dem Fernseher sitzen und sich nur nach draußen wagen, um Nachbarskinder zu schikanieren.

Wie dieser liebenswürdige Zeitgenosse; nennen wir ihn Herrn Aufrecht. Der schickte seinen Nachbarn, der Familie Fröhlich, einen Anwaltsbrief. Darin bemängelte er, dass die Kinder permanent im Hof Fußball spielten und dabei sein Eigentum unglaublichen Gefahren aussetzten. Weil ein Stück des Hofs auch ihm gehöre, beabsichtige er, diesen Teil mit einem hohen Zaun abzutrennen, und zwar auf Kosten von Familie Fröhlich.

Außerdem würden die Kinder verirrte Bälle fortwährend aus seinem Garten holen, und zwei seien auch schon auf dem Dach gelandet. (Also Bälle, nicht Kinder!) Von dort musste er sie mithilfe eines Dachdeckers herunterholen, und das habe knapp 180,– Euro gekostet, was die Nachbarn nun zu zahlen hätten.

Familie Fröhlich fiel aus allen Wolken – die Kinder spielten gelegentlich im Hof, das war richtig. Aber nur zu den üblichen Zeiten, und passiert war bisher nichts Nennenswertes, es waren keine Fensterscheiben zu Bruch gegangen, keine teuren Blumenkübel umgestoßen worden oder Ähnliches. Klar, wenn ein Ball mal über die Hecke flog, dann kroch einer von den Jungs hinterher und holte ihn wieder.

Familie Fröhlich schrieb also höflich zurück, man sei doch erstaunt über den harschen Ton und darüber, gleich vom Anwalt zu hören. Man wisse nicht genau, wie man die Kinder noch besser anleiten solle und die Bälle davon abhalten könne, ganz gelegentlich fehlzufliegen. Den Dachdecker wolle man aber nicht bezahlen, denn ob die Bälle auf dem Dach die eigenen seien, wisse man nicht, und wenn sie es seien, hätte man sie doch auch ohne einen Dachdecker – eventuell mithilfe eines Besenstiels – vom Dach holen können.

Der Anwalt reichte natürlich Klage ein beim Amtsgericht

und beantragte, die Beklagten zu verurteilen, es zu unterlassen, das Ballspielen ihrer Kinder zuzulassen und nicht zu verhindern, sofern das Eigentum des Klägers dadurch beeinträchtigt oder beschädigt würde. Schon sprachlich ist dieser Antrag ein Genuss und ein schönes Beispiel für die poetische Begabung der Anwaltschaft: es zu unterlassen, etwas nicht zu verhindern, und dann auch noch eine Bedingung, nämlich »sofern das Eigentum des Klägers dadurch beeinträchtigt wird«.

Versuchen wir es einmal zu übersetzen: Der Nachbar geht also davon aus, dass Sie im Normalfall nicht verhindern, dass sein Eigentum beschädigt wird (»Ja, Chantal, wenn du Fußball spielst, dann ist mir das völlig wurscht, ob du die große Glasscheibe vom Nachbarn triffst«).

Das sollen Sie künftig unterlassen. Also nichts mehr sagen zu Chantal. Das Kind ohne jede Anleitung in den Hof schicken.

Oder meint der Anwalt womöglich, Sie sollen die Beschädigung verhindern? Warum schreibt er es dann nicht?

Wäre ja zu einfach, wenn es in dem Schreiben hieße: Sorgen Sie dafür, dass Ihr Kind beim Fußballspielen nichts kaputt macht. Würde jeder verstehen und wäre womöglich sogar bereit, es zu tun. Aber dann bräuchte man ja keinen Anwalt mehr, dem man viel Geld dafür bezahlt, dass er Sätze mit doppelter Verneinung konstruiert, die kein Mensch (und schon gar nicht ein Fußball spielendes Kind) verstehen kann.

Dem Nachbarn fiel jedenfalls während des Prozesses ein, dass er eigentlich auch seine Fassade auf Kosten der Nachbarn renovieren könnte, weil die durch das »permanente« Fußballspiel Haarrisse bekommen habe.

Als er vom Gericht dann aufgefordert wurde aufzulisten,

wann die Kinder denn spielten, legte er eine Liste vor mit ca. zehn Terminen innerhalb von drei Monaten vor – kein Termin länger als eine Stunde. Von der Fassadensanierung war schnell keine Rede mehr.

Bei der Dachdeckerrechnung stellte sich heraus, dass er bereits zuvor versucht hatte, diese Rechnung bei einem anderen Nachbarn geltend zu machen, ohne Erfolg, sodass er es jetzt bei Familie Fröhlich probierte.

Das Amtsgericht wies die Klage ab mit der Begründung, Eltern seien nicht verpflichtet, Ballspiele gänzlich zu verbieten, und hätten im Übrigen keine Möglichkeit, auf die Flugbahn der Bälle und das Verhalten der Kinder im Detail Einfluss zu nehmen. Die Rechnung müssten sie nicht bezahlen, da die Herkunft der Bälle nicht geklärt sei. Kurz gesagt: Nachbarn müssen damit leben, dass Kinder lebendige Organismen sind, für die die Eltern keine Fernbedienung mitgeliefert bekommen haben. Nachbar Aufrecht wollte das nicht glauben und ließ seinen Anwalt Berufung einlegen.

Also wurden vor dem Landgericht dieselben Argumente noch einmal ausgetauscht mit dem Ergebnis: Kinder dürfen Fußball spielen, Eltern müssen zur Vorsicht mahnen, mehr aber auch nicht. Und Nachbarn, die Bälle vom Dachdecker holen lassen, müssen die Rechnung selbst zahlen.

ICH WOLLT, ICH WÄR EIN HUHN

Wir alle wollen billigen Strom – aber keiner will das Atommüllendlager im Garten. Alle wollen in den Urlaub – aber keiner will den Flughafen haben. Und alle wollen gute Eier von glücklichen Hühnern – aber den Hahn, der die Hühner glücklich macht, will keiner hören.

So auch nicht Frau W. aus K.

Sie war in besagtes Dorf K. gezogen und hatte dann festgestellt, dass es dort außer ihr noch einiges an Federvieh gab. Und dass das Federvieh die lästige Angewohnheit hatte, schon morgens um drei Uhr – im Winter etwas später – zu krähen. Das Hühnervolk war untergebracht in einer Hütte, die von ihrem Haus etwa 30 Meter entfernt war, sodass sie in ihrem Schlafzimmer, das nach hinten hinaus lag, das Krähen bestens hören konnte.

Frau W. verfügte über ein schwaches Nervenkostüm, also erhob sie Klage gegen den Hahn – nein, natürlich gegen den Hühnerhalter, also ihren Nachbarn, und verlangte die Beseitigung des Hühnerhauses. Der wehrte sich und erklärte, das Hühnerhaus sei vor der Nachbarin da gewesen – sie hätte sich also vorher informieren müssen, wie die Nachbarschaft aussieht, und sich nicht hinterher beklagen. Außerdem sei der Lärm nicht schlimm, zumindest hätte sich noch kein anderer Nachbar beschwert. Das Problem sei wohl, dass Frau W. ihr Schlafzimmer nach hinten hinaus habe, sodass es dem Hühnerstall zugewandt sei.

Leider nicht mein eigener Fall, sondern der eines Kollegen. Allzu gerne hätte ich die verschiedenen Möglichkeiten erörtert, wie man den Hahn zum Schweigen bringen könnte. Es hätte auch gar nicht die ultimative Lösung sein müssen, bei der es heißt: ab in die Suppe, Huhn.

Es wurde überlegt, ob man den Hühnerstall schallisolieren könnte, damit das morgendliche Krähen nicht zu hören sei – Kostenpunkt um die 10 000,– Euro. Dies wurde als unwirtschaftlich ausgeschlossen. Dann wurde erörtert, ob es möglich sei, den Hühnerstall bis zu einer bestimmten Uhrzeit morgens zu verschließen, sodass der Hahn nicht schon in der Dämmerung das Nest verlassen und im Freien sein Unwesen treiben kann. Ich hätte geraten, ihm – ähnlich wie man es bei Jagdfalken macht – ein schwarzes Mützchen aufzusetzen, sodass er nicht merkt, wenn es draußen hell wird, und von selbst aufs Krähen verzichtet. Auch an Hypnose hätte man denken können durch den Einsatz eines Hühnerflüsterers, der dem Hahn zuraunt: »Nicht vor neun Uhr krähen, nicht vor neun Uhr krähen, und neun Uhr ist es, wenn es vom Kirchturm neunmal schlägt!««

Hier machen wir einen kurzen Ausflug ins religiöse Leben, denn auch Kirchturmglocken waren schon Gegenstand von Nachbarschaftsrechtsstreitigkeiten. Es gibt tatsächlich Menschen, die sich nicht freuen, wenn morgens um sechs Uhr die Kirchturmglocke bekannt gibt, dass die Nacht zu Ende ist, und um acht Uhr mit voller Wucht zum Gottesdienst lädt.

Von der irdischen Rechtsprechung wird hier feinsinnig unterschieden zwischen sakralem Glockenläuten (zu liturgischen Zwecken, also im Rahmen des Gottesdienstes) und nichtsakralem Glockengeläut (der Stundenschlag, der lediglich der irdischen Zeitdurchsage dient).

Diese Unterscheidung ist wichtig für den Rechtsweg, der einzuschlagen ist. Sakral geht vors Verwaltungsgericht, denn hier ist die Freiheit der Religionsausübung betroffen, nichtsakral geht vors Zivilgericht. Einschlägig für den maßgeblichen Grenzwert ist jedenfalls das BImSchG (wir nennen es auch gerne das Bimmelschutzgesetz, offiziell heißt es Bundes-Immissionsschutzgesetz). Ganz klar, dass sich die weltliche Gerichtsbarkeit nicht mit dem Jüngsten Gericht anlegt und das sakrale Glockenläuten durchgehend als zulässig betrachtet.

Das Stundenläuten demgegenüber wird meist als nicht mehr zeitgemäß und damit entbehrlich erachtet, zumal es den geltenden Grenzwert von 30 dB bei Tag und 20 dB bei Nacht locker übertönt. Wenn natürlich im Dorf K. womöglich auf Initiative von Frau W. das Stundenläuten bereits eingestellt wurde, fällt die Methode Hahndressur mithilfe des Neun-Uhr-Gongs flach.

Der Richter, der den Fall entschieden hat, ließ den Beklagten schmählich im Stich. Er entschied zwar, dass die Klägerin, Frau W., keinen Anspruch auf vollständige Beseitigung des Hühnervolkes habe. Wenn der Hahn nämlich außerhalb der Ruhezeiten krähe, sei sie nicht gestört und könne daher nicht verlangen, dass er entfernt werde.

Allerdings sei es unerheblich, dass sie erst nach dem Hahn in die Gegend gezogen sei – sie könne dennoch von ihm gestört sein mit der Folge, dass die Störung einzudämmen sei. Auch könne man von ihr nicht verlangen, dass sie ihr Schlafzimmer anders wähle, da es ihr freistehe, in welcher Art und Weise sie ihre Wohnung nutze. Auch könne man keinen Grenzwert für die zulässige Lautstärke des Hahnenschreis festlegen, da die Beeinträchtigung nicht objektivierbar sei.

Aber sie habe Anspruch darauf, dass der Hahn die Ruhezeiten einhalte, sprich nicht vor acht und nicht nach 22 Uhr krähe. Der Beklagte habe dafür Sorge zu tragen, dass der Hahn die Ruhezeiten einhalte – wie er das tue, sei seine Sache. Vielleicht hat der Beklagte zur Augenbinde gegriffen, vielleicht hat er einen Maulkorb für Hähne entwickelt, vielleicht aber auch stimmbandlose und damit aphone Hähne gezüchtet, wir wissen es nicht. Auch ist nicht überliefert, wie die Hühner auf die Schweigsamkeit ihres Chefs reagiert haben und ob die Bereitschaft zum Eierlegen möglicherweise abgenommen hat, wir wissen aber sicher, dass der Hahn auf dem Dach eines Kirchturms zu liturgischen Zwecken krähen dürfte, so oft und so laut er nur kann.

WAS WITWE BOLTE AUCH NICHT WOLLTE

Wie komme ich jetzt vom Hahn zum Grillen? Lieben Sie das auch so, wenn Ihnen der Geruch von Grillkohle in die Nase steigt? Wenn Sie hören, wie das Fett ins Feuer zischt und Sie fühlen können, wie die Haut des Fleisches von Minute zu Minute knuspriger wird.

Richtige Männer laufen regelmäßig zur Hochform auf, kaum dass die ersten Sonnenstrahlen signalisieren, dass man jetzt wieder den Grill auspacken und auf die gute alte Art Fleisch zubereiten kann. Wenn man das Tier schon nicht selbst jagen kann, so kann man es doch wenigstens eigenhändig (oder unter Zuhilfenahme einer Zange) über dem Feuer wenden, bis es außen verkokelt und innen noch blutig ist.

Allerdings laufen die Nachbarn hier gerne mal Amok. Anstatt in ihrem eigenen Grill die Kohle anzufachen, befeuern sie ihren Groll auf den unverschämten Nachbarn (lesen Sie hierzu auch meinen Essay »Vom Grillen mit Kohle zum Grollen des Killers«), der schon wieder für Gestank und Qualm sorgt. Und schon viele Hobbygriller haben sich die Finger nicht am Grillrost, sondern am Streit mit ihrem Nebenmann verbrannt. Statt sich ein schönes Steak zu besorgen, holen sie sich anwaltlichen Rat und kommen damit gerne einmal von der Outdoor- direkt in Teufels Küche.

Obwohl in Deutschland alles und jedes gesetzlich geregelt wird, fehlt es auf dem besonders brenzligen Gebiet des Grillens an einer verbindlichen gesetzlichen Regelung. Wer darf wann wo was und wie oft braten; das kann doch so schwer nicht sein, hier ein Gesetz zu erfinden, das besagt, dass alles, was die physische Gesundheit des Nachbarn nicht unmittelbar zerstört, jederzeit gegrillt werden darf (Sie merken schon, ich bin ein Grillfan):

Nur in läppischen zwei Bundesländern, nämlich Brandenburg und Nordrhein-Westfalen, gibt es Regelungen, die, grob zusammengefasst, besagen, dass Grillen im Freien verboten ist, wenn dadurch unbeteiligte Nachbarn belästigt werden.

Das maßgebliche Stichwort hier ist natürlich »unbeteiligt« – das heißt, erste und heilige Pflicht des leidenschaftlichen Grillers ist es, die Nachbarschaft am Grillvorgang zu beteiligen. Wer beteiligt ist, beklagt sich nicht. (Auch in der Politik setzt sich diese Erkenntnis langsam durch, und man probiert es mit mehr Bürgerbeteiligung. Derzeit noch mit mäßigem Erfolg, aber ich bin überzeugt, die Sache flutscht wie geschmiert, wenn erst Grillwürste bei der Volksabstimmung gereicht werden.)

Vorbildlich wegweisend geht hier der SWR voran und veranstaltet zweimal im Jahr die SWR-3-Grillparty. Starkoch Johann Lafer grillt vor, und Zehntausende grillen mit. So geht das: Alle sind dabei, und keiner beschwert sich.

Nun kann natürlich nicht jeder, der unfallfrei einen Schweinehals grillen kann, gleich eine eigene Sendung bekommen (obwohl man bei Durchsicht des Hörfunk- und Fernsehprogramms gelegentlich den Eindruck bekommt, dass jemand, der Schweinehals zubereiten kann, schon überqualifiziert ist als Moderator einer Sendung, aber das ist wieder ein anderes Problem), aber es macht doch verhältnismäßig wenig Mühe, die direkten Nachbarn zum Essen einzuladen.

Das dachte sich auch der Mandant von meinem Freund Glauner, der in ebensolcher Sache verklagt wurde. Er bot als friedliche Lösungsmöglichkeit an, den Nachbarn künftig am saftigen Steakgenuss teilhaben zu lassen. Aber Pfeifendeckel! Entrüstet lehnte der Nachbar ab. Niemals werde er gegrilltes Fleisch zu sich nehmen, schließlich sei er seit Jahren strenger Vegetarier. Und darum stelle jede Grilltätigkeit eine unzumutbare Belästigung für ihn dar.

Er sei also besonders empfindlich, fragte Glauner ihn listig. Jawoll, sagte der bleiche Jüngling, extrem empfindlich sei er, weil Tierfreund und Allergiker, und das berechtige ihn auch, extreme Rücksichtnahme einzufordern.

Aber gelte denn im Nachbarrecht nicht wie überall der Maßstab des Durchschnittsbürgers, des Otto Normalverbrauchers?, fragte Glauner unschuldig lächelnd den Richter. Doch, doch, nickte der Richter – er wisse zwar schon, dass es auch Extreme gebe, aber mit dem Kopf im Kühlschrank und den Füßen auf der Herdplatte stimme die Durchschnittstemperatur eben doch wieder, und so sei lediglich der Maßstab des normal empfindlichen Normbürgers anzulegen. Auf die besonderen Bedürfnisse eines außergewöhnlich empfindlichen Nachbarn brauche man keine Rücksicht zu nehmen. Er wies also die Klage ab, und wenn ich mich recht erinnere, traf man sich hinterher in der Justizkantine auf eine Currywurst.

§

L'ENFER, C'EST LES AUTRES: DIE WOHNUNGSEIGENTÜMERGEMEIN- SCHAFT ALS VORHOF ZUR HÖLLE

Eine ganz besonders intensive Form der Nachbarschaft stellt die Wohnungseigentümergemeinschaft dar. Eine Wohnungseigentümergemeinschaft (kurz WEG) gibt es dort, wo ein Haus aufgeteilt ist in mehrere Eigentumswohnungen, die unterschiedlichen Eigentümern gehören.

Dies ist eine Konstruktion, die rechtlich hochkompliziert und mit der menschlichen Natur eigentlich überhaupt nicht vereinbar ist. Ein Hausbesitzer alleine ist oft schon schwer zu ertragen, das zeigt sich im Nachbarrecht sehr deutlich, aber mehrere Hausbesitzer unter einem Dach? Das kann nicht gut gehen. Wie sollte man die Maxime »My home is my castle« auch umsetzen, wenn in der Wohnung drunter, drüber, rechts und links je einer sitzt, der dasselbe Zuhause auch für sein Schloss hält? Das endet quasi zwangsläufig in Hauen und Stechen – oder eben vor Gericht.

Rechtlich liegt das Problem darin, dass das Haus als solches, also die Außenwände, das Dach, das Fundament et cetera, allen gemeinsam gehört, die Wohnungen darin aber den einzelnen Eigentümern.

Schon die Abgrenzung, was gehört mir, was gehört der Gemeinschaft, ist oft schwierig. Zu den Außenwänden gehören auch die Fenster, also sind die Außenseiten meiner Fenster Gemeinschaftseigentum. Das bedeutet, ich kann sie nicht einfach austauschen, wenn es mir passt. Ich muss sie aber austauschen, wenn die Gemeinschaft sagt, wir brauchen neue Fenster, und dann muss ich auch mitbezahlen. Ich kann sie auch nicht einfach grün streichen, wenn ich das möchte. Da muss ich erst die Gemeinschaft fragen, ob ich das darf.

Meine Wohnungstüre? Gehört ja nicht zur Außenhaut des Gebäudes, müsste also mein Eigentum sein. Aber das Treppenhaus, in das sie führt, gehört der Gemeinschaft, also schließt die Türe mein Sondereigentum zum Gemeinschaftseigentum hin ab, ist also Gemeinschaftseigentum. Bedeutet: Ich darf die Türe nicht ohne Weiteres so gestalten, wie ich das möchte, wenn es der Gemeinschaft nicht passt.

Mein Fußboden? Ein Grenzfall. Der Fußbodenbelag ist, wenn er ohne Substanzverletzung entfernt werden kann, mein Eigentum, der Estrich darunter ist Gemeinschaftseigentum. Genauso die Wasserleitungen bis zur Entnahmestelle. Das hat Vorteile: Wenn mein Klo verstopft ist, zahlen die anderen mit. Es hat aber auch Nachteile: Wenn das Klo vom Eigentümer über mir verstopft ist, weil er zu viel vom falschen Klopapier benutzt, dann zahle ich mit.

Am bittersten ist die Konstruktion bei Häusern mit Aufzügen. Aufzüge gehören nämlich auch allen, das heißt, wenn der Aufzug kaputt ist, zahlen alle mit. Auch die im Erdgeschoss, die den Aufzug niemals benutzen. Ähnlich bitter ist folgender Fall: Alle Wohnungen bis auf die beiden Erdgeschosswohnungen haben Balkone. Die Balkone werden eines Tages baufällig und müssen für viel Geld saniert werden. An diesen Kosten beteiligen sich auch die Eigentümer der Erdgeschosswohnungen, obwohl sie nie in den Genuss einer Sonnenstunde oder eines Grillgelages auf dem Balkon kommen. Klar, dass die das nicht gerne tun, sondern viel lieber dagegen vor Gericht ziehen.

Der Gesetzgeber hat sich, als ihm vermutlich nach einer böse durchzechten Nacht die Idee für die Eigentümergemeinschaft kam, vorgestellt, dass das ganz einfach funktioniert: Die Eigentümer finden sich zu einer Eigentümerversammlung zusammen, diese Versammlung fasst Beschlüsse zur Verwaltung des gemeinschaftlichen Eigentums, bestimmt einen Verwalter, der die Beschlüsse umsetzt, und alles ist gut.

Sollte der absolut unwahrscheinliche Fall eintreten, dass einer der Eigentümer mit einem Beschluss nicht einverstanden ist, kann er diesen in einem gerichtlichen Verfahren anfechten.

Das Besondere an diesem Verfahren ist dann, dass alle anderen Miteigentümer und der Verwalter auch daran beteiligt sind. Sonst ist man im Gerichtssaal ja oft etwas einsam. Es sitzen dort der Kläger oder nur sein Anwalt, der Beklagte oder nur sein Anwalt und der Richter – also maximal fünf Personen. Zuschauer gibt es selten, was ich persönlich sehr bedaure, Applaus gibt es nie.

Im WEG-Verfahren aber, da ist plötzlich Leben in der Bude. Da kommen sie alle: der Kläger, sein Anwalt, auf der Gegenseite der Verwalter mit dem Anwalt der WEG, die Miteigentümer, soweit sie Urlaub nehmen konnten oder Rentner sind, und alle, alle wollen sie mitreden.

Die Anwälte sind über weite Strecken ahnungslos. Das WEG-Recht ist kompliziert und arbeitsaufwändig, selten wirklich lukrativ, und so überrascht es nicht, dass sich die meisten Anwälte die Fortbildungen schenken und frei von der Leber weg agieren, ohne über die Materie wirklich Bescheid zu wissen. Einige wenige Ausnahmen gibt es, und man erkennt sie zum Beispiel daran, dass sie dieses Buch in der Hand halten.

Ich kann Ihnen nur raten: Wenn Ihnen das Kabarettprogramm Ihrer lokalen Kleinkunstbühne zu langweilig ist, leisten Sie sich den Besuch einer Verhandlung in einer WEG-Sache, Sie werden es nicht bereuen. Und was das Allerschönste daran ist: Für Sie als Unbeteiligten ist dieser

Ausflug in die Realsatire gänzlich kostenfrei und dazu noch ungemein lehrreich.

Was ich nicht alles gelernt habe bei den WEG-Fällen. Wussten Sie, was ein Katzengitter ist? Ich wusste es nicht und hätte es nicht geglaubt, wenn ich es nicht mit eigenen Augen gesehen hätte: eine Art Fliegengitter, nur etwas grobmaschiger, das am Balkon angebracht ist, damit das Kätzchen nicht abstürzen kann. Wie so etwas vor Gericht kommt? Eine Eigentümerin hat eines angebracht, die andere Eigentümerin fand das nicht schön und wollte es wieder beseitigt haben. Das sei eine bauliche Änderung und daher nur zulässig, wenn alle Eigentümer zustimmten. Und sie stimmte eben nicht zu, und deshalb müsse es entfernt werden. Und wissen Sie was? Sie bekam sogar recht!

Im nächsten Fall kam der Begriff »Schabracke« vor. Ich kannte den bis dato nur als äußerst uncharmante Bezeichnung für eine ältere, übellaunige Dame oder für ein abgetakeltes Schiff. Tatsächlich wurde er aber verwendet für den Abschluss einer Markise. Da gab es nämlich welche mit Kassettenabschluss und welche mit Schabracken, also gewellten Stoffüberhängseln am vorderen Ende der Markise. Solche hatte die WEG bislang immer gehabt, ein Abweichler hatte seine neuen Markisen aber etwas moderner ohne Stoffüberhang mit Kassettenabschluss angebracht. Dies gefiel einem anderen nicht, und er klagte auf Beseitigung der neumodischen Variante und auf Anbringung der traditionellen Schabrackenvariante. Gegen die Farbgestaltung hatte er nichts einzuwenden, denn hier hatte sich der Abweichler an die vereinbarte Farbe Orange gehalten. Es ging wirklich ausschließlich um das ca. 10 cm lange Stückchen Stoff, das vorne überzuhängen hatte:

Schabracke oder nicht Schabracke, das war die Frage.

Das Für und Wider wurde ausführlich erörtert, der Kläger war der Meinung, was vor 30 Jahren schön gewesen war, könne heute nicht einfach beiseitegeschoben werden und das einheitliche Erscheinungsbild der Wohnanlage werde massiv beeinträchtigt, wenn auf einmal einer Markisen mit einem anderen Abschluss hätte.

Der Abweichler konnte ebenfalls gute Argumente für seine Variante anführen: Die Schabracken seien nämlich jederzeit der Witterung ausgesetzt und litten entsprechend, weshalb sie über die Jahre ausfransten, was unschön aussehe. Der Kassettenabschluss sei dicht und damit haltbarer. Überdies sei bereits von der Straße aus der Unterschied kaum wahrnehmbar und keineswegs störend.

Aber, so schnaubte der Kläger, der Abweichler habe die neuen Markisen angebracht, ohne die WEG um Erlaubnis zu fragen, und das gehe gar nicht. Das sahen die anderen anwesenden Miteigentümer gar nicht so eng und meinten, man könne die Markisen ja nachträglich genehmigen, und wenn man jetzt so darüber nachdenke, vielleicht wolle der eine oder andere ja auch eine schöne kompakte, moderne Lösung, und eventuell würde das Abendland nicht augenblicklich untergehen, wenn der Abschluss der Markisen nicht im ganzen Haus einheitlich sei. Man vertagte sich und wollte das Thema in der nächsten Eigentümerversammlung erneut ausführlich erörtern.

Eine andere WEG stritt erbittert um die Gestaltung der Wohnungseingangstüren. Da hatte doch ein unverbesserlicher Individualist, nennen wir ihn Herrn Färber farbige Buchstaben an seine Wohnungtüre gehängt. Das missfiel dem Konformisten Kanter aufs Äußerste. Er wohnte zwar in einem anderen Stockwerk und hatte daher überhaupt keine Veranlassung, die in seinen Augen so missgestaltete

Türe von Färber anzuschauen – aber bitte, es ging ihm nicht um solche Details, sondern ums Große und Ganze und ums Prinzip. Die Türen hatten weiß zu sein und nichts anderes. Ebenso wie die Wände der Flure. Jede Anbringung von Gegenständen stelle hier auch eine bauliche Änderung des Gemeinschaftseigentums dar und finde nicht seine Billigung.

Ich persönlich finde individuelle Gestaltung eher schön als lästig, aber es geht ja nicht um meinen Geschmack, sondern um das, was die Gemeinschaft möchte. Kläger Kanter holte aber noch weiter aus, als er einmal im Schwung war. Nicht nur Färber habe seine Türe verunstaltet – auch Z. im Ergeschoss habe Salzteig(!)-Buchstaben aufgehängt, Familie Bauer im ersten Stock gar Bilder an den Wänden, im zweiten Stock sei ein ganzes Sammelsurium von Fotografien und bemalten Klingelschilder zu finden und so weiter. All dies habe zu weichen, weil es eine Abweichung vom Urzustand sei.

Allmählich wurde ich hellhörig. Wie denn der Urzustand gewesen sei, wollte ich wissen.

Ob es denn jemals – mit Ausnahme des Rohbaus – eine Zeit gegeben habe, wo alle Türen unbeklebt und alle Wände rein gewesen seien? Und ob es einen Beschluss der Gemeinschaft geben, wonach Wände und Türen weiß zu sein hätten?

Herr Kanter kam ins Schleudern.

Im Prinzip nicht, aber ...

Und Stück für Stück stellte sich heraus, dass eigentlich jeder im Haus seinen Wohnungseingang von Anfang an individuell gestaltet hatte und sich auch nicht daran störte, dass das so war.

Alle – außer eben Herr Kanter. Und es hatte auch niemand etwas dagegen, dass er seine Türe nicht verzierte, da war der Rest der Gemeinschaft wirklich tolerant.

Ein schönes Prinzip, finde ich.

Existenziell kann es werden, wenn eine Generalsanierung des Hauses ansteht. Je nach Größe, Alter und Erhaltungszustand des Hauses können da sehr nennenswerte Summen zusammenkommen, die von den Eigentümern gestemmt werden müssen.

Im Stuttgarter Westen war eine Gemeinschaft betroffen, deren Haus eine sehr schöne Sandsteinfassade hatte, die aber sanierungsbedürftig war. Ein Gutachten, das der Hausverwalter eingeholt hatte, sagte aus, dass sofortiger Handlungsbedarf bestehe, weil Teile der Fassade abzubrechen drohten. Passanten könnten dadurch gefährdet werden, und die WEG war im Haftungsrisiko. Also beschlossen die Eigentümer, die ca. 600 000,– Euro teuren Arbeiten durchführen zu lassen. Pro Wohnung musste eine Sonderumlage erhoben werden von ca. 30 000,– Euro, weil die Rücklagen, die man über die Jahre gebildet hatte, nicht ausreichten.

Ohne Frage ist dies eine Summe, die nicht jeder einfach zu Hause in der Küchenschublade herumliegen hat. Auch ist es nicht immer möglich, einen Kredit über einen solchen Betrag zu bekommen, etwa wenn die Wohnung bereits voll belastet ist, weil der Kaufpreis finanziert werden musste und die Wohnung als Sicherheit dient.

Familie Käfer jedenfalls wehrte sich gegen den Sanierungsbeschluss und die Sonderumlage. Sie argumentierte vor Gericht aber nicht damit, dass sie das Geld nicht hätten, sondern damit, dass die Sanierung nicht notwendig sei. Dies taten sie mit solcher Hartnäckigkeit, dass nur die Möglichkeit blieb, ein Gerichtsgutachten einzuholen über die Frage, ob die Fassade wirklich saniert werden musste. Da die Kläger das Gutachten beantragt hatten, mussten sie auch mit den Kosten für den Gutachter in Vorlage gehen. Der Vorschuss betrug 2500,– Euro. Diesen Vorschuss bezahlten sie auch nach mehreren Mahnungen nicht, sodass schließlich nach einigen Monaten wieder verhandelt wurde.

Die WEG hatte zunächst, um den Streit nicht weiter zuzuspitzen, die Sanierungsarbeiten nicht in Auftrag gegeben. Mittlerweile drängte aber die Zeit, da man ja davon ausging, dass die Fassade brüchig und absturzgefährdet war.

Allmählich gaben die Kläger zu, dass sie schlicht die finanziellen Mittel nicht hatten, weder um den Vorschuss zu bezahlen noch um die Sanierungsmaßnahmen mitzutragen. Sie wären allerdings bereit, auf die Beweisaufnahmen zu verzichten, wenn die WEG noch einige Zeit mit den Arbeiten warte.

Darauf konnte sich die Hausverwaltung wegen des Haftungsrisikos nicht einlassen. Also stellte der Anwalt der Kläger den Antrag, durch ein Gutachten klären zu lassen, ob die Fassade tatsächlich absturzgefährdet war.

Ich fragte nach: Das erste Gutachten sollte nicht eingeholt werden, weil man den Vorschuss nicht zahlen konnte, und nun wollte man ein weiteres Gutachten? Er nickte.

Ich konnte meine Gedanken nicht verbergen und bemerkte ironisch, dass das ja für alle Beteiligten sehr erfreulich sei. Daraufhin stellte er einen Antrag wegen Befangenheit. Meine Äußerung sei Ausdruck meiner Voreingenommenheit und erlaube Zweifel an meiner Unparteilichkeit.

Viele Anwälte glauben, mit Befangenheitsanträgen das Gericht einschüchtern zu können, und greifen dazu wie zu einer Waffe. Denn nach einem Befangenheitsantrag kann man die Sache zunächst nicht weiter bearbeiten, muss eine »dienstliche Stellungnahme« abgeben und die Akten dem nächsthöheren Richter im Haus vorlegen. Dieser muss dann darüber befinden, ob dem Befangenheitsantrag stattgegeben wird oder nicht. Wenn ja, bekommt ein anderer

Richter die Sache zur Entscheidung. Wenn nicht, darf der ursprüngliche Richter weitermachen.

Es gibt Anwälte, die dieses Mittel auch einsetzen, um Zeit zu gewinnen, denn der Vorgang dauert in der Regel mehrere Wochen, und so kann man dem Mandanten ein paar Monate Zeit verschaffen, bis die Sache weiterverhandelt wird. Das ist manchmal sogar sinnvoll, nicht aber, wenn man Kläger in einer WEG-Anfechtungsklage ist. Die Klage hindert nämlich die Umsetzung des angefochtenen Beschlusses nicht. Das heißt übersetzt im obigen Fall: Die WEG konnte den Beschluss über die Sanierung unabhängig vom Prozess umsetzen. Und tat das auch, während bei uns im Hause über den Befangenheitsantrag befunden wurde.

Als er schließlich für unbegründet erachtet war und ich die Sache weiterverhandeln konnte, waren die Bauarbeiten bereits in vollem Gange, der Beweisantrag der Kläger hatte sich durch Zeitablauf erledigt, und die Klage war insgesamt hinfällig. Die Kläger hatten sich ohnehin entschlossen, die Wohnung aus wirtschaftlichen Gründen zu verkaufen. Ein schöner Erfolg für den Anwalt.

Einer mäht immer

Endlich Wärme, endlich Sonne,
Draußen sitzen, welche Wonne!
Sommer naht, schon reichlich spät.
Woran merkst du's? Einer mäht.

Ach, es ist erst grad halb zwei,
sicher geht das schnell vorbei,
denkst du voll Naivität.
Weit gefehlt, denn einer mäht.

Doch um drei ist endlich Schluss,
Ruhe, welch ein Hochgenuss!
Das ist Lebensqualität
zumindest kurz: Ein andrer mäht.

Darf man das, ist das erlaubt,
dass mir wer die Ruhe raubt?
Ist das denn Legalität,
fragst du, während einer mäht.
Das ist doch Frivolität,
dieses Aufsitzmähgerät
nutzt nicht Elektrizität
sondern voll Brutalität
Diesel, was der Dunst verrät.

Wochenlang geht das so weiter,
kaum ist mal das Wetter heiter
und ein leises Windchen weht,
weißt du sicher: Einer mäht.

Lässt sich dieser Kreis durchbrechen?
Kann nicht jemand Recht hier sprechen?
Und uns sagen, wie das geht
dass nicht immer einer mäht?

Endlich sprach ein Richter brav,
nehmt zum Mähen doch ein Schaf,
das ganz leise frisst querbeet
und dabei nur selten määäht.

KOMPOSTHAUFEN

Der Garten bietet noch weitere Zankäpfel. Ein Nachbar hatte bei mir auf Beseitigung eines Komposthaufens geklagt – er sei unschön anzusehen, rieche schlecht und locke Tiere an.

Der andere Nachbar bestritt dies: Der Komposthaufen sei ordentlich angelegt, werde normal genutzt und sei insgesamt keine Quelle irgendwelcher Störungen. Auch für Komposthaufen gibt es keine gesetzlichen Regelungen, sodass man auf allgemeine Regeln zurückgreifen muss. Grundsätzlich ist gegen Komposthaufen nichts einzuwenden, sie sind ökologisch sinnvoll, da Laub und Küchenabfälle dem natürlichen Kreislauf wieder zugeführt werden. Dass der Haufen so hässlich sein sollte, dass er in rechtlich relevanter Weise stören könnte, war nicht recht vorstellbar. Auch das Anlocken von Tieren hielt ich nicht für entscheidungserheblich – zumal es sich maximal um ein paar Mäuse handeln konnte und die Rede nicht von Bären war.

Auch die Geruchsemissionen des Haufens konnten schwerlich so stark sein, dass sie geltende Grenzwerte überschritten. Gleichwohl war die Atmosphäre zwischen den Nachbarn ausreichend vergiftet, und es erschien sinnvoll, die Sache vor Ort anzuschauen. Also machte ich zum Zwecke der Beweisaufnahme einen Ortstermin.

Der Komposthaufen lag im sehr gepflegten Garten eines hübschen Anwesens in guter Stuttgarter Wohnlage. Er war aufgebaut in der Nähe der Grundstücksgrenze zum klagenden Nachbar und maß etwa 1 × 1 m. Umrahmt von Holzlatten, stand er da und wirkte eigentlich recht friedlich.

Mein erster Vorschlag war, ihn auf die andere Seite des Gartens zu verlegen, sodass der Nachbar ihn nicht mehr sehen könnte. Dies sei nicht möglich, erklärte die beklagte Hausfrau: Ihre Küchentür sei eben an dieser Seite des Hauses, und sie könne nicht mit jeder Schüssel Küchenabfälle quer über den Rasen laufen, um den Komposthaufen zu erreichen. Ein nachvollziehbares Argument.

Was sie denn so entsorge, fragte ich. Gras und Blätter aus dem Garten und eben Küchenabfälle, antwortete sie. Ich hatte irgendwo einmal gelesen, dass gekochte Speisereste nicht auf den Kompost dürften, weil die tatsächlich Tiere anlockten. Also fragte ich scharfsinnig nach, ob sie etwa auch Gekochtes entsorge. Nein, erklärte sie vehement, das wisse doch jeder, dass man das nicht dürfe.

Da mischte sich der Nachbar ein und erklärte giftig, sie werfe aber immer wieder Melonenschalen auf den Haufen.

Das sei richtig, gab sie zu, aber nur ganz selten – Melonensaison sei ja nur im Hochsommer. Das gelte vielleicht für Wassermelonen schon, erwiderte der Nachbar, aber Honigmelonen gebe es das ganze Jahr über. Das stimme zwar, sagte die Hausfrau, aber die verwende sie höchstens alle paar Wochen einmal.

Sie zankten noch ein wenig über die Melonenfrequenz im Hause der Kompostbetreiber, und ich stand sprachlos daneben und wunderte mich, worüber man in Streit geraten konnte, wenn echte Sorgen in einem Leben offenbar fehlten.

Schließlich meldete ich mich zu Wort und gab zu, dass ich das Problem nicht wirklich verstünde – Melonenschalen seien doch auch roh und damit geeignet für den Kompost. Melonenschalen, so klärte mich der Nachbar auf, seien aber so groß und hart, dass sie viel länger brauchten als alles andere, um zu verrotten, dass sie meistens anfingen zu faulen und damit zu stinken. Und den Gestank könne er bis auf seine Terrasse riechen und fühle sich dadurch gestört. Man lernt ja nie aus, dachte ich und schlug vor, dass Melonenschalen künftig nicht mehr auf den Kompost gegeben würden.

Dies sei problemlos möglich, erklärte mir die Hausfrau, zumal sie ohnehin ja nur ganz selten Melonen esse und die Aufregung des Nachbarn daher auch nicht verstehen könne. Bevor ein neuer Streit vom Gartenzaun gebrochen wurde, protokollierte ich schnell den Vergleich, wonach künftig keinerlei Melonenschalen, weder Wasser- noch Honig-, noch andere Arten, auf den Kompost gegeben werden dürften, und war froh, dass wieder eine Angelegenheit von nationaler Bedeutung ein gutes Ende gefunden hatte.

Eine andere Gartenfreundin, Frau Bärbel Bittner, hatte Ärger wegen ihrer Bärlauchpflanzen. Der Nachbar, Herr Lau, störte sich am intensiven Geruch, seit die Pflanzen im Garten quasi explodiert waren und etwa ein Drittel der Gartenfläche bedeckten. Der knoblauchartige Geruch verbreite sich großflächig und sei für ihn störend, außerdem wucherten die Pflanzen nun auch schon in seinen Garten herüber. Er verlangte die sofortige Beseitigung.

Frau Bittner wies dies von sich. Sie habe so viel Zeit und Mühe in die Pflänzchen investiert, sie aus Samen hochgezogen, über Jahre gepflegt, und jetzt könne sie endlich die Früchte ihrer Arbeit ernten. Voll Begeisterung erzählte sie von den Saucen, Brotaufstrichen, Würzmischungen, die sie mit Bärlauch herstelle – mir lief das Wasser im Mund zusammen, und ich überlegte, was ich anstellen könnte, um mir die Sache vor Ort anzusehen und zu verkosten.

Leider kam es dazu nicht, denn Frau Bittner konnte mit

ihrem Enthusiasmus Herrn Lau offenbar anstecken, und sie beschlossen, es noch einmal »im Guten« zu versuchen. Ich dachte noch daran, dass die Blätter des Bärlauchs denen der hochgiftigen Herbstzeitlosen zum Verwechseln ähnlich sahen und es da schon zu tragischen Irrtümern gekommen war beim Verzehr von Bärlauchpesto, dem versehentlich Herbstzeitlose beigemischt waren. In den Folgewochen las ich aufmerksam die Lokalnachrichten, aber es gab offenbar keinen überraschenden Todesfall nach Nahrungsaufnahme, und ich hoffe, dass es Herrn Lau immer noch gut geht.

SCHNUCKIS PROBLEM MIT DEN NACHBARN

Schnucki hat sich durchgerungen und den Anwalt aufgesucht. Der hat ihr geraten: erst einmal alles abzustreiten, egal, worum es geht. Na ja, meint Schnucki, die Nachbarn hätten aber verdammt gut Protokoll geführt. Um was es sich denn handele, will der Anwalt wissen. Schnucki druckst noch ein wenig herum, aber dann rückt sie damit raus, dass es um Lärm geht.

»Ah«, sagt der Anwalt, »wegen der Kinder Ihres Lebensgefährten?« Das sei gar kein Problem: Kinderlärm sei in aller Regel hinzunehmen. Da könne man gelassen der Klage entgegensehen.

Schnucki errötet ganz leicht und reizend. »Nein«, flüstert sie, »wegen Lärm aus dem Schlafzimmer.«

Der Anwalt lehnt sich zurück und überlegt für einen kurzen Moment, ob er nicht versuchen sollte, sein Honorar in Naturalien einzufordern, besinnt sich aber eines Besseren, schließlich muss auch er seine Miete bezahlen, und die Wände seines Büros sind dünn; nicht dass er auch noch Ärger bekommt.

»Aber bei Lärm«, so führt er aus, »haben wir vor Gericht gute Karten. Es gibt da keine klaren Grenzwerte, schließlich erlebt jeder Mensch Geräusche anders. Was dem einen ein sanftes Säuseln, ist dem anderen schon Belästigung.« Worüber sich die Nachbarn denn im Einzelnen beschwerten, will er wissen.

Schnucki legt ihm das Schreiben des Anwalts hin. Darin ist die Rede von regelmäßigem Geschlechtsverkehr, tags und nachts auch während der Ruhezeiten mit Absonderung von lauten Stöhngeräuschen und Lustschreien, Anfeuerungsrufen (»Ja, mein Hengst, mach's mir, mach's mir« – »Ich besorg's dir, du Schlampe«), begleitet von lauten rhythmischen Polter- und Quietschgeräuschen.

Die Nachbarn hatten genau Buch geführt und die Uhrzeiten über zwei Monate hinweg exakt notiert. Eine lange Liste kam da zusammen.

»Was können wir tun?«, fragt Schnucki hilflos. Der Anwalt räuspert sich. »Wir haben verschiedene Optionen, also Möglichkeiten. Wir können alles abstreiten und behaupten, die Schreie seien während einer Fernsehübertragung eines Pferderennens beziehungsweise während einer Auseinandersetzung über den Einkauf neuer Energiesparlampen erfolgt. Der Begriff ›Schlampe‹ sei ein Hörfehler in diesem Zusammenhang. Die Quietschgeräusche können wir so erklären, dass man wegen der laufenden Wetten vor Aufregung auf dem Sofa gehopst ist. Dies komme künftig aber nicht mehr vor, da man jetzt auf Übertragungen von Schachturnieren umgestiegen sei, und die seien weit weniger aufreibend.«

Schnucki zweifelnd: »Werden die das glauben?«

»Nun«, antwortet der Anwalt, »es verschafft uns Zeit,

und Sie können ja versuchen, sich in den nächsten Wochen etwas zurückzuhalten.«

Er sieht aber an Schnuckis Gesicht, dass das nicht wirklich realistisch ist. »Wenn sie es nicht glauben, werden sie uns verklagen«, fährt er deshalb fort.

»Und was geschieht dann?«

»Dann wird das Gericht die Beweise einholen ...«

»Was bedeutet das?«, will Schnucki wissen.

»Die Nachbarn werden als Zeugen befragt, Ihr Lebensgefährte wird gehört ...«

»Das darf auf keinen Fall passieren«, ruft Schnucki.

»Warum denn?«

»Na ja, die Listen. Also die Termine. Die sind ja schon richtig, aber ...«

»Aber?«

»Er war halt nicht immer dabei.«

»Sie haben alleine ...?«

»Nein«, sagt Schnucki. »Er ist manchmal zwei oder drei Tage auf Geschäftsreise. Und dann ist mir halt langweilig. Manchmal kommt mein Exfreund zu Besuch. Wir haben uns eigentlich nichts mehr zu sagen, aber wenn er schon da ist ...«

»Verstehe«, sagt der Anwalt und ist ziemlich enttäuscht. Nicht über die moralische Kompromissbereitschaft seiner Mandantin, aber darüber, dass sie nicht vor Gericht will.

»Gibt es sonst noch eine Möglichkeit?«, fragt Schnucki hoffnungsvoll.

»Ja«, knurrt der Anwalt. »Wir können uns außergerichtlich einigen.«

»Vereinigen find ich immer gut«, ruft Schnucki begeistert.

»Einigen«, grummelt der Anwalt, »einigen!«

»Ja, aber wie?«, fragt Schnucki.

Der Anwalt seufzt. Ist er denn wirklich gezwungen, seine Brillanz, seine kreative Kraft in die außergerichtliche, unstreitige Beilegung von Lohkäse zu investieren, womit nichts, aber auch gar nichts verdient ist?

Aber Schnucki sieht ihn an, als wäre er der rettende Ritter auf dem weißen Pferd und sie die Prinzessin in Not.

»Können Sie die Frequenz etwas reduzieren und nur noch außerhalb der Ruhezeiten, also vor 22 Uhr – verkehren?«

Schnucki schüttelt den Kopf. »Soll es mir denn gehen wie seiner Exfrau, dass er mich verlässt, weil nix mehr läuft? Ganz bestimmt nicht. Und er kommt immer so spät heim, da schaffen wir es nicht vor 22 Uhr.«

»Dann müssen Sie den Lärm reduzieren.«

»Aber wie denn?«, fragt Schnucki. »Es bricht doch einfach so aus mir heraus, ich kann mich da nicht bremsen.«

»Dann probieren Sie es doch einmal mit einem Knebel im Mund, und lassen Sie sich vielleicht ein wenig fesseln, das kann doch auch Spaß machen.«

Schnuckis Augen blitzen vor Dankbarkeit. »Das ist die Lösung«, ruft sie begeistert. »Ich besorg gleich Handschellen, Knebel und Augenbinde« – und raus ist sie zur Tür.

»Und vielleicht noch eine neue Matratze, die nicht so quietscht«, ruft ihr der Anwalt hinterher, aber sie hört schon nicht mehr zu.

Er schüttelt den Kopf, als er die Akte schließt. Diesmal war es nix, aber die kommt wieder, da ist er sich sicher.

§ 4 PECH MIT BLECH –
DAS STRASSENVERKEHRS-
RECHT

Anwalt Krämer ist selig. Er hat's doch gleich gewusst: Schnucki kommt wieder. Sie ist aber auch die ideale Mandantin, denn sie zieht Ärger an wie ein dunkler Wollpulli weiße Katzenhaare. Solche Mandanten braucht ein Anwalt zum Überleben. Nicht nur, dass sie Ehen ins Wanken bringt, mit ihren Nachbarn und Vermietern Ärger hat, nein, sie hat auch einen Führerschein, und das alleine ist ja schon eine sichere Bank.

Also, besser gesagt: Sie hatte einen Führerschein – bis vorgestern Abend. Da ist nämlich dieser dumme Unfall passiert, und der Polizist hat den Führerschein gleich behalten.

Schnucki schluchzt ein bisschen und erzählt dann:

Sie war mit ihrem neuen Freund in der Stadt schick ein bisschen was essen. Auf dem Rückweg hatten sie es eilig heimzukommen und waren etwas abgelenkt. Ganz blöd. Sie ist knapp über eine rote Ampel, na ja, eigentlich war's dunkelgelb, aber vielleicht auch schon rot. Als sie drüber war, hat sie dann vor Schreck ganz scharf gebremst, weil sie gesehen hat, dass da ein Blitzer ist. Der hat aber schon geblitzt. Und dann ist der BMW hinter ihr in sie reingefahren.

Die blöden Typen haben behauptet, sie sei rückwärts gefahren und schuld am Unfall, sie hätten ganz brav an der roten Ampel gestanden. Und dann kam auch schon die Polizei und wollte ihre Papiere sehen. Die hat sie nicht gleich gefunden – wer findet schon etwas in seiner Handtasche –, und das doofe Warndreieck war auch nicht da, wo es hätte sein sollen, und warum sie keine Warnweste anhätte. Sie kann doch nicht so eine orangefarbene Warnweste anziehen, in der sie aussieht wie eine Tonne. Dann hat einer von den Polizisten gefragt, ob sie was getrunken habe.

Ein, zwei Prosecco hat sie zugegeben, den Polizisten nett angeblinzelt und den Rock ein bisschen weiter nach oben rutschen lassen. Hat aber nix genutzt, er wollte trotzdem eine Atemalkoholkontrolle, wie er formell sagte.

Also hat sie kräftig geblasen, und das Gerät hat 1,2 Promille angezeigt. Dann ist der Polizist noch ein bisschen formeller geworden und hat gesagt, er müsse den Führerschein jetzt leider vorläufig beschlagnahmen, und Schnucki müsse mit ins Krankenhaus zu einer Blutabnahme. Den Unfall haben die auch aufgenommen, und die vier Typen aus dem BMW haben alle die Geschichte erzählt, dass sie rückwärtsgefahren sei. Die vier waren alle stocknüchtern, die haben sogar freiwillig geblasen.

Jetzt sei das Auto abgeschleppt, der Führerschein weg, die Versicherung mache Zicken, und gestraft werde sie wahrscheinlich auch noch wegen der Ampel. Schnucki schluchzt wieder.

Anwalt Krämer lächelt gütig und fängt an zu erklären. Denn bei diesem Fall kann man schön zeigen, wie sich das deutsche Recht aufsplittet. Es zerfällt quasi in seine Bestandteile Zivilrecht und Öffentliches Recht. Das Öffentliche Recht zerfällt wieder in Strafrecht, das Recht der Ordnungswidrigkeiten und das Verwaltungsrecht. Und all diese Bestandteile sind hier beteiligt.

Das Zivilrecht ist wichtig bei dem Auffahrunfall und bei der Auseinandersetzung mit der Versicherung. Das Strafrecht kommt zum Einsatz beim Alkohol am Steuer. Das Recht der Ordnungswidrigkeiten, kurz Owi, regelt den Rotlichtverstoß, und das Verwaltungsrecht hat seine große Stunde, wenn es um Schnuckis Führerschein geht. Der Anwalt strahlt über das ganze Gesicht:

Vier Rechtsstreitigkeiten mit nur einem Unfall – das ist grandios. Er überschlägt innerlich die Gebühren, die hier drin sind, und weiß: Die Miete für den nächsten Monat ist gesichert.

Schnucki ist ganz bleich geworden. Sie versteht nur Bahnhof, was vielleicht nicht schlecht ist, weil sie in Zukunft viel mit dem Zug fahren wird und weniger mit dem Auto.

Und während sie Zug fährt, kann sie sich auch etwas mit den Rechtsgebieten beschäftigen.

KLEINE ORDNUNGSWIDRIGKEITEN

Das Recht der Ordnungswidrigkeiten regelt das, was man nicht tun soll, was der Gesetzgeber aber nicht so schlimm findet, dass man es gleich strafen muss.

Falsch parken etwa, zu schnell fahren, abgefahrene Reifen haben, mit dem Handy am Ohr telefonieren, über Rot fahren – leider nicht: vor der roten Ampel anhalten und so laute, scheußliche Musik hören, dass dem Fahrer des Nebenautos noch schlecht wird. Erst wenn die Fensterscheiben bersten, kann man über Sachbeschädigung nachdenken.

Und leider gilt es auch nicht als Störung der öffentlichen Ordnung, wenn ein Fahrer der festen Auffassung ist, seine Scheiben seien nur in eine Richtung durchsichtig, und in der vermeintlichen Unsichtbarkeit hemmungslos den Inhalt seiner Nase mit dem Finger von innen nach außen kehrt, aus den Fäden kleine Wickel formt und in der Mundhöhle entsorgt. Man müsste allerdings mal prüfen, ob man das nicht als eine Form von Kannibalismus verfolgen könnte.

Zu schnell Fahren kommt wohl am häufigsten vor, und das kommt dann auch relativ häufig vor Gericht, weil in schlimmeren Fällen Fahrverbot verhängt werden kann, und das ist für die Leute das Allerschlimmste, dagegen wehren sie sich mit Zähnen und Klauen.

Wenn die Geschwindigkeit mit einem mobilen oder einem stationären »Blitzer« gemessen wurde, wird gerne die Genauigkeit der Messung infrage gestellt. Heute sind die Geräte aber meistens so ausgereift, dass das selten zieht – und man teure Gutachten braucht, die man sich besser nur leistet, wenn die Rechtsschutzversicherung dahintersteht.

Mein Freund Glauner war als Anwalt beruflich viel und auch schnell unterwegs – gerne zu schnell. Er hatte darum in eigener Sache etliche Verfahren am Hals und musste deswegen jahrelang immer genau über seine Gesichtsbehaarung Buch führen. Hatte er zum Zeitpunkt der Blitzlichtaufnahme einen Bart, nahm er ihn vor der Verhandlung ab – und umgekehrt. Er kam oft damit durch, zumal er nie ohne Mütze Auto fuhr, und ich wundere mich schon lange, warum es auf deutschen Autobahnen kein Vermummungsverbot gibt.

Nur in einem Fall hat er den Bußgeldbescheid sofort und ohne Gegenwehr akzeptiert. Das war in der Endphase seiner ersten Ehe. Da war er auf dem Weg zum Skifahren auf der Autobahn geblitzt worden – auf dem Beifahrersitz deutlich erkennbar eine attraktive Blondine, die leider nicht seine Ehefrau war. Die Zahlung des Bußgeldes war angenehmer als der Ärger, den er bekommen hätte, wenn das Beweisfoto nach Hause geschickt worden wäre.

Wenn Sie sich verteidigen wollen, ist es zwar nicht originell, aber oft wirkungsvoll, die Standardstrategie anzuwenden: Ich bin nicht gefahren. Dann muss in der Verhandlung vor Gericht geprüft werden, ob das Beweisfoto mit dem Gesicht des »Betroffenen« übereinstimmt. In Bußgeldverfahren – vor Gericht heißen sie kurz Owi-Sachen – wird der vermeintlich Böse nicht Angeklagter genannt wie im »richtigen« Strafrecht. Er heißt »Betroffener«, und das gibt auch schon die Haltung vor: Er sollte möglichst betroffen aus der Wäsche gucken und ein dickes Bedauern auf die Stirn tätowiert haben. Nur mal so zur Vorsicht, falls der Richter zu der Auffassung kommt, er sei der auf dem Bild. Wenn sich der Richter nicht ganz sicher ist, weil das Bild zu grobkörnig ist, das Gesicht des Fahrers fast vollständig hinter seinem Doppelkinn verschwindet oder ein mobiles Navigerät zentral in der Sichtlinie hängt, sodass Mund, Nase und Stirn komplett verdeckt sind, können notfalls auch anthropologische Gutachten eingeholt werden.

In einem Fall, den ich vor Gericht zu verhandeln hatte, war das unnötig: Eindeutig entsprach der Betroffene dem Bild in der Akte. Eine gestochen scharfe Aufnahme eines fröhlichen jungen Mannes mit verwuschelten brünetten

Haaren, gut rasiert, im T-Shirt. Genauso fröhlich saß er auf dem Sünderbänkchen, und es gab auch einen Grund für seine Heiterkeit.

Seine Verteidigung war nämlich viel besser als alles, was ich bislang je gehört hatte, und absolut wirkungsvoll: Er erklärte, er sei ein eineiiger Zwilling, und man wisse nicht mehr, wer von beiden gefahren sei.

Der Zwilling saß im Zuschauerraum – ein exaktes Abbild des Betroffenen und leider auch des Beweisfotos. Der Zwilling grinste mich an, und mit einem bedauernden Blick in Richtung auf den Staatsanwalt, der sich hier auch nicht die Zähne ausbeißen wollte, schloss ich die Akten. Wohl dem, der Familie hat!

Apropos Familie – in meiner ist die folgende Geschichte passiert.

MORGENS UM SIEBEN IST DIE WELT NOCH IN ORDNUNG...

Zumindest so lange, bis ein freundlicher Polizist klingelt. Man muss sich das vorstellen: der ganz normale morgendliche Wahnsinn mit zwei Grundschulkindern – frühstücken, Vesper richten, Turnbeutel suchen, Ranzen packen, Jacken aufschwatzen, Schuhe schnüren, und das alles bis 7.20 Uhr, damit die lieben Kleinen rechtzeitig zur Schule kommen. Pünktlich um 7.15 Uhr steht das Nachbarskind vor der Tür, aber um 7.18 Uhr klingelt es plötzlich wieder.

Zwei Menschen in Uniform, die sich nicht vorstellen, aber fragen, ob man ein Fahrzeug mit dem amtlichen Kennzeichen S-AB 1234 kenne und ob der Gatte zu Hause sei.

Bei uns passierte das an einem herbstlichen Dienstag, und im ersten Moment war ich so irritiert, dass ich beides verneinte. Da hielt mir der Uniformierte einen Bogen unter die Nase, auf dem ein schlechter Schwarz-Weiß-Ausdruck eines Bildes war, das meinen Neffen am Steuer seines Autos zeigte.

Ach so, das war der Wagen, den mein Neffe als Fahranfänger auf meinen Namen als Zweitwagen zugelassen hat. Ganz offiziell, damit er nicht so viel Versicherungsprämie bezahlen muss. Weil ich mit dem Fahrzeug normalerweise nichts zu tun habe, war mir das Kennzeichen nicht geläufig. Weil ich aber Ärger ahnte, sagte ich das alles nicht gleich, sondern wartete erst einmal, was die Polizisten denn von mir wollten.

»Also«, hob der eine an, »das Fahrzeug ist auf Ihren Namen zugelassen, aber das auf dem Bild ist ja ganz klar keine Frau.« Der Unterton sagt: Na, Mami, welcher nette junge Mann steuert denn da deinen Wagen, doch nicht etwa der Hausfreund? Dass der Mann auf dem Bild zu jung ist, um Vater meiner beiden Kinder zu sein, scheint selbst den Beamten schlagartig klar geworden zu sein, weshalb sie nach meinem Gatten nicht mehr fragten.

Ich sehe mir das Bild an und sehe auch, dass es um eine Geschwindigkeitsüberschreitung geht, außerorts, ungefähr 25 km/h drüber.

Na ja, denke ich, so schlimm ist es ja nicht, es geht noch nicht einmal um ein Fahrverbot. Die Kinder werden unruhig, mit einer Hand ziehe ich Schals gerade und setze Mützen auf, mit der anderen halte ich den Anhörungsbogen.

Die Polizisten merken genau, dass der Moment ausgesprochen ungünstig gewählt ist – sie reagieren überhaupt nicht darauf. Eigenartigerweise gelingt es mir, ruhig zu bleiben.

»Das ist richtig«, sage ich zu dem Beamten. »Das ist keine Frau! Um was geht es denn?« Der Beamte wird etwas forscher. »Wer ist es denn dann, wenn Sie es nicht sind?« »Muss ich Ihnen das sagen?«, frage ich so unschuldig wie möglich zurück und denke, ich sollte ihnen wenigstens die Chance geben, mich über mein Zeugnisverweigerungsrecht aufzuklären. Da sie mich schon als Fahrerin ausgeschlossen haben, kann es nicht sein, dass ich selber beschuldigt werde. Ich muss aber keine nahen Angehörigen belasten. Wenn es mein Mann wäre, müsste ich nichts sagen, auch nicht bei meinem Bruder, nicht bei meinem Sohn und auch nicht bei meinem Neffen. Ich weiß das, der Beamte weiß das – und eigentlich müsste er es mir sagen.

Tut er aber nicht.

Er fühlt sich in der morgendlichen Stresssituation überlegen und glaubt, dass er aus der Haus-Mami schnell den Namen herausbekommt, den er haben will, und das Ordnungswidrigkeitenverfahren wird seinen Lauf nehmen. Ob da belehrt wurde oder nicht, spielt hinterher doch keine Rolle mehr – Hauptsache, man hat den Namen des Betroffenen.

Den Kindern ist die Anwesenheit der Polizisten sichtlich unangenehm, sie haben den unter »normalen« Menschen weitverbreiteten Impuls, augenblicklich ein schlechtes Gewissen zu bekommen, wenn sie eine Uniform sehen.

Ich putze meiner Tochter die Nase, setze ihr den Ranzen auf und frage – beiläufig – die Beamten, ob ich denn nicht ein Zeugnisverweigerungsrecht hätte, wenn es sich um Verwandte handele. »Woher wissen Sie das denn?«, fragt mich der Beamte und versucht, sich durch autoritären Ton aufzuplustern.

Meine innere Stimme sagt mir, dass ich meine beiden

juristischen Staatsexamina in dieser Situation lieber nicht erwähnen sollte, und ich bleibe ganz in der Rolle der Hausfrau. »Och, ich dachte, ich hätte mal so was gelesen – im ADAC-Heft wahrscheinlich«, sage ich deshalb und lasse meine Kinder aus der Türe.

Der Beamte ist heute aber besonders clever und trumpft auf: »Sagen Sie mir, wer es ist und den Verwandtschaftsgrad, dann sage ich Ihnen, ob Sie ein Zeugnisverweigerungsrecht haben.« Sein Ton ist so scharf, als ob er das Recht hätte, mich im nächsten Augenblick in Handschellen abzuführen.

»Wir können Sie auch aufs Revier laden!«, setzt er deshalb auch gleich noch drauf. Ich muss mich beherrschen, um nicht loszulachen – den Satz habe ich schon so oft im Tatort gehört, dass ich dachte, der stehe ganz oben auf der Tabuliste echter Polizisten.

Ich lächle ihn charmant an: »Das dürfen Sie gerne tun – aber bitte zu einem Zeitpunkt, der mir besser passt als jetzt. Und auch dann werde ich mich auf mein Zeugnisverweigerungsrecht berufen und keine Angaben machen. So wie jetzt.« Damit komplimentiere ich die Beamten aus der Türe.

Ich beobachte sie aber durchs Fenster, denn vor dem Gartentor stehen noch meine Kinder und warten auf eine Klassenkameradin. Mittlerweile traue ich den Beamten zu, dass sie den Kindern das Bild zeigen, und die würden natürlich sofort herausposaunen, dass das ihr Cousin ist, der doch in Freiburg studiert.

Kinder dürfen aber nicht ohne Zustimmung ihrer Eltern befragt werden, und ich wäre sofort dazwischengegangen und hätte mit Dienstaufsichtsbeschwerde gedroht, wenn die Polizisten sich den Kindern genähert hätten. Taten sie aber zu ihrem Glück nicht.

Dafür tuscheln sie etwas auf dem Weg zur Straße, drehen

dann um und klingeln erneut bei mir. Beide bauen sich zur vollen Größe auf und setzen zum finalen Schlag an: »Wir haben es uns gerade noch einmal überlegt – das auf dem Bild könnten doch Sie sein!«

Jetzt prustete ich heraus. Auf dem Bild war ganz deutlich ein etwa 20-jähriger junger Mann mit blonden, glatten Haaren zu sehen. Ich war damals eine braunhaarige Mittvierzigerin mit Locken – weniger Ähnlichkeit war einfach nicht denkbar.

Aber die Freund-und-Helfer-Beamten hatten sich gedacht, komm, die setzen wir ein bisschen unter Druck, und wenn sie denkt, sie ist selber dran, dann verrät sie uns den, der gefahren ist. Ich ließ mir also strahlend das Bild noch einmal zeigen und schüttete mich aus vor Lachen, was die Polizisten sehr irritierte. Ob ich denn jetzt Angaben machen wolle, fragten sie mich schließlich.

Ich wischte mir die Tränen aus den Augen und verneinte. »Wenn Sie finden, dass ich das selbst sein könnte, dann muss ich doch erst recht nichts sagen. Ich muss mich doch nicht selbst belasten!«

»Sie sind aber gut informiert!«, erklärte vorwurfsvoll der eine Beamte.

Das klang so, als wäre es eine Frechheit, seine Rechte zu kennen und dann auch noch darauf zu bestehen, dass sie beachtet werden. Wo soll der Staat denn hinkommen, wenn jede blöde Hausfrau weiß, was ihr Recht ist?

Sie ließen nicht locker: »Wir können auch in der Nachbarschaft herumfragen.« Unterton war wieder: Dann erfahren Ihre Nachbarn, was für eine Schlampe Sie sind, die vermutlich ein außereheliches Verhältnis hat oder zumindest einen jungen Verkehrsrowdy schützt.

Ganz ernst und seriös sagte ich: »Natürlich können Sie

das – das ist ja Ihr Job. Machen Sie nur!« Ich wusste, dass keiner meiner Nachbarn meinen Neffen je gesehen hatte, und wenn die Nachbarn glaubten, ich hätte einen Geliebten in diesem Alter, dann war das für mein Image eher schmeichelhaft. Als mir das durch den Kopf ging, musste ich schon wieder kichern.

»Sie können noch richtig Ärger bekommen!«, raunte der zweite Beamte im Weggehen. Ich wusste, dass dem nicht so war, und sagte mit ganz nüchterner Stimme: »Das lassen wir doch glatt darauf ankommen. Guten Tag, meine Herren!« Ich habe nie wieder von der Angelegenheit gehört.

§

PRESSEFREIHEIT

In einem anderen Fall vor Gericht hatte die Staatsanwaltschaft bessere Karten. Die Geschwindigkeitsmessung war durch eine mobile Anlage erfolgt und das Fahrzeug gleich anschließend von Beamten gestoppt worden. Da zieht die Ausrede »bin nicht selbst gefahren« natürlich nicht mehr. Der Fahrer stieg aus seinem Porsche und tobte. Man könne ihn doch nicht einfach anhalten, er habe es eilig! Er fuchtelte mit seinem Presseausweis in der Gegend herum und glaubte offenbar, es gebe so etwas wie journalistische Immunität.

Dass er es eilig hatte, wussten die Beamten ohnehin – er war auf der Landstraße statt der erlaubten 70 km/h rasante 150 km/h gefahren, und es drohten ihm drei Monate Fahrverbot. Natürlich legte er gegen den Bußgeldbescheid Einspruch ein, sodass es zur Verhandlung kam.

Schon im Vorfeld der Verhandlung bombardierte er das

Gericht – in diesem Fall also mich – mit Faxen, abgesendet vom Redaktionsfaxer einer überregionalen Tageszeitung, die in der Regel mit wenigen, dafür sehr großen Buchstaben auskommt.

Man solle dieses lästige Verfahren doch einstellen, und man wisse wohl nicht, mit wem man es zu tun habe.

Mir war relativ egal, mit wem ich es zu tun hatte, das erklärte ich ihm in der mündlichen Verhandlung auch. Er habe seinen Porsche mit der Hamburger Zulassung eben 80 km/h zu schnell geführt, und dies ziehe in aller Regel ein Fahrverbot, ein Bußgeld und vier Punkte nach sich. Auch für Journalisten.

Er schimpfte und tobte und hielt es ganz offensichtlich für weit unter seiner Würde, sich mit einer kleinen Amtsrichterin vernünftig zu unterhalten. Je unflätiger er wurde, umso freundlicher wurde ich und erklärte ihm mehrmals und sehr wortreich, fast wie einem kleinen, dummen Kind, dass der Staat seine Regeln eben für alle mache und man bei der Anwendung der Regeln nicht nach Berufsgruppen unterscheiden könne. Und darum gebe es keine Aufhebung des Tempolimits für rasende Reporter.

Es gibt tatsächlich die Möglichkeit, in gut begründeten Fällen vom Fahrverbot abzusehen und dafür das Bußgeld zu erhöhen. Bei Ärzten, die nächtliche Notfalleinsätze fahren müssen, hat man das schon gemacht oder auch bei alleinerziehenden Müttern, die ihre Kinder in die Schule fahren müssen und wirklich keine andere Möglichkeit haben. Auch bei Berufskraftfahrern gibt es diese Möglichkeit – sie muss aber, wie gesagt, gut begründet sein. Nur aus Gründen der Bequemlichkeit kann man sich nicht durch ein höheres Bußgeld vom Fahrverbot freikaufen.

Natürlich schlug der Herr Journalist genau diesen Weg

vor, weil er doch auf sein Auto angewiesen sei. Und genauso natürlich lehnte ich das ab, da es für ihn andere Möglichkeiten gab – Taxi, Chauffeur, öffentliche Verkehrsmittel. Verwünschungen ausstoßend, verließ er den Gerichtssaal. Zwei Wochen später begann in der nämlichen Zeitung eine große Enthüllungsserie über Missstände an deutschen Gerichten. Sicher besteht keinerlei inhaltlicher Zusammenhang, aber seltsamerweise wurde unser kleines Gericht zuallererst »durchleuchtet« – die Serie war übrigens ziemlich langweilig.

Unser Schnucki hat jedenfalls auf der Ebene der Ordnungswidrigkeiten nicht viel zu befürchten. Sie ist zwar über die rote Ampel drüber, aber es war ganz knapp – ein einfacher Rotlichtverstoß, noch nicht einmal ein qualifizierter Rotlichtverstoß. Dieser läge vor, wenn die Ampel schon länger als eine Sekunde rot gewesen wäre. War hier aber nicht so, also bekommt sie ein Bußgeld. Fahrverbot nur, wenn jemand gefährdet wurde, wenn es also Querverkehr gab. Gab es hier aber nicht. Und der Unfall? Der kam ja nicht vom Rotlichtverstoß, sondern vom Anhalten – aber dazu später noch mehr. Sich gegen das Bußgeld zu wehren wäre albern. Also besser schnell bezahlen, Schnucki.

BELOHNEN STATT STRAFEN

Die Flut der Verkehrsordnungswidrigkeiten zeigt: Unser System hat überhaupt keinen erzieherischen Wert. Wenn es einer eilig hat, lässt er sich durch ein drohendes Bußgeld nicht vom Rasen abhalten. Darum sollte man umdenken und neue pädagogische Wege beschreiten. Statt die vielen, die sich falsch verhalten, aufwändig zu ermitteln, sollte man die wenigen, die alles richtig machen, für ihre Redlichkeit belohnen. So könnte man auch leicht flächendeckend Überwachungskameras durchsetzen, denn wer würde sich schon dagegen wehren, zum Zwecke der Belohnung gefilmt zu werden?

Und die Staatsanwaltschaft hätte endlich einmal etwas Nettes zu tun. Die Belohnungsverhandlung würde so aussehen:

Richter: Frau Häberle, Sie wurden am Donnerstag, den 17.10.2013, um 15.30 Uhr angetroffen, als Sie auf der Neuen Weinsteige in Stuttgart in stadtauswärtiger Richtung mit 50 km/h fuhren. Sie waren damit die Einzige, die sich an diesem Tag an die vorgeschriebene Höchstgeschwindigkeit gehalten hat, und Sie werden belobigt. Außerdem erhalten Sie eine Reduktion der Kfz-Steuer um 1,3 Prozent für das laufende Kalenderjahr. Nehmen Sie die Belobigung an?

Frau Häberle: Das isch jetzt aber arg nett, Herr Richter. Ond mir isch des auch fascht a bissele peinlich. Die hinter mir hend ja scho g'hupt, aber mei Motor hat an dem Tag Aussetzer g'habt ond isch oifach net schneller gloffa.

Das wäre doch schön, oder? Knapp 77-mal anständig fahren, und man könnte die Kfz-Steuer für ein ganzes Jahr sparen. Beim hundertsten Blitzer würde augenblicklich eine Sirene ertönen, und es regnete Konfetti aus dem Starenkasten, und dazu spielte das Verkehrsmusikkorps: »Üb immer Treu und Redlichkeit.«

Keiner würde mehr drängeln oder riskant überholen, die Fahrer würden freiwillig ihre Lichthupen zurückgeben, und das allgemeine Motto wäre: Pack die Schnecke in den Tank.

Doch zurück zu Schnucki: Ist sie schon aus dem Schneider? Nein, da ist ja noch die Sache mit dem Alkohol: 1,2 Promille und ein Unfall – das wird eventuell richtig blöd. Und beim Alkohol kennen sich auch alle aus bei Gericht.

BETREUTES TRINKEN

Die Justiz tut einiges, um ihre Bediensteten fit zu halten. Regelmäßig gibt es Fortbildungsveranstaltungen, Tagungen, Schulungen. Aber die schönste Fortbildung, die ich in der Justiz erlebt habe, war die Säufertagung in Bad Boll. In der dortigen Evangelischen Akademie, einem sehr schönen Tagungshaus, veranstaltete der Bund gegen Alkohol im Straßenverkehr regelmäßig eine Fortbildung, bei der Richter und Staatsanwälte in Sachen Alkohol und sonstige Drogen geschult wurden.

Schon tagsüber eine sehr lohnende und interessante Sache. Abends wurde es aber noch viel interessanter – da gab es nämlich den Teil der Schulung, den ich gerne »betreutes Trinken« nenne.

Es läuft wie folgt: Man begibt sich – zunächst nüchtern – in einen Fahrsimulator und absolviert das Programm. Die Reaktionen werden getestet, die Simulation führt einen in brenzlige Situationen, die man aber natürlich gut bewältigt.

Dann setzt man sich in trauter Runde zusammen und trinkt das erste Viertel Wein. Nach einiger Zeit, wenn der Wein die Chance hatte, es sich im System gemütlich zu machen, bläst man in einen Alkomaten.

Bei mir war der erste Wert 0,2 Promille AAK. (Atemal-koholkonzentration, das entspricht in etwa der Konzentration des Alkohols im Blut und ist die mildere Form der Feststellung. Für die Blutprobe hätte man sich pieksen lassen müssen, und so tief ist die Liebe zur Wissenschaft dann doch nicht, zumal auch die Jungs vom Bund gegen Alkohol im Straßenverkehr sich intensiv um die Vernichtung des flüssigen Feindes verdient gemacht haben und ihre Treffsicherheit mit der Nadel im Lauf des Abends wohl auch abgenommen hätte.)

Danach geht es wieder in den Simulator. Man reißt sich ordentlich zusammen und schafft das Programm genauso gut wie beim ersten Mal, ist tüchtig stolz und sieht die Statistik bestätigt: Bei einem Wert von 0,2 Promille sinkt nämlich die Wahrscheinlichkeit eines Unfalls. Soll heißen: Es geschehen mehr Unfälle in nüchternem Zustand als mit einem Wert von 0,2 Promille. Die Psychologen erklären das damit, dass die Fahrtüchtigkeit bei diesem Wert noch nicht beeinträchtigt ist, der Fahrer aber um seinen Alkoholkonsum weiß und daher überkompensiert, also noch aufmerksamer fährt als ohne Alkohol. Trotzdem weigert sich der Gesetzgeber gegen alle statistische Vernunft hartnäckig, den Konsum von 0,2 Liter Wein vor Fahrbeginn zur Pflicht zu machen.

Dann geht es an die zweite Runde Wein. Die Gespräche werden lustiger, der Geräuschpegel höher. Der Alkomat zeigt nach dem zweiten Viertel Wein einen Wert zwischen 0,5 und 0,6 Promille an, das subjektive Empfinden signalisiert: lieber nicht mehr fahren.

Und tatsächlich: Bereits nach wenigen Augenblicken im Simulator kommt es zu ersten Ausfällen, Kurven werden geschnitten, Querverkehr nicht beachtet, und die Fahrt endet relativ schnell im Maisfeld.

Aber was soll's: Das dritte Viertel wartet schon, wir sind ja nicht zum Spaß hier, sondern zum Wohle der Wissenschaft. Es wird gelacht und gekichert – an manchen Tischen wird bereits gesungen: alles seriöse Juristen eben, zugeknöpft und trocken, wie man sie so kennt. Meine dritte Begegnung mit dem Alkomaten – aus dem Hintergrund sind launige Bemerkungen übers Blasen zu hören, haha – ergibt 0,8 Promille.

Oje, denke ich – mit diesem Wert hätte ich früher unbehelligt Auto fahren dürfen. Ich fühle mich aber so, als würde ich noch nicht einmal den Schlüssel ins Schloss stecken können, gesetzt den Fall, dass ich den Schlüssel überhaupt fände.

Entsprechend erfolgreich läuft die dritte Fahrt im Simulator – eine einzige Katastrophe. Ich gebe zu viel Gas, bremse zu scharf, schaffe es kaum, die Fahrbahn einzuhalten, und lande ziemlich schnell am Baum.

Danach mag ich keinen weiteren Alkohol mehr trinken – drei Viertel sind absolut genug. Der Abend ist trotzdem weiterhin sehr lustig, es werden nette Freundschaften geschlossen, und mir bleiben zwei Erkenntnisse: Mit mehr als einem Viertel Wein im Kopf werde ich nie Auto fahren, und ab dem zweiten Viertel werden sogar Juristen nett und witzig.

Eigentlich ist die Erkenntnis nicht besonders überraschend, dass man mit Alkohol nicht gut fährt, trotzdem haben viele mit der Konsequenz aus diesem Wissen anscheinend große Schwierigkeiten.

Auch Schnucki wusste, dass sie nach drei Prosecco, einem Glas Weißwein und einem Grappa nicht mehr nüchtern war und das Auto besser stehen lassen sollte. Aber gerade weil sie leicht angetrunken war und natürlich besser

Stimmung, hielt sie es für nicht so schlimm, den kurzen Weg nach Hause mit dem Auto zu fahren – das Auto würde den Weg schon finden. Und tatsächlich ist es auch so: Selbst in angetrunkenem Zustand sind wir in der Lage, Routinehandlungen durchzuführen. Es darf eben nichts dazwischenkommen, wie zum Beispiel eine Ampel, die frecherweise rot wird, ein Kind, das überraschend auf die Straße läuft, oder ein Polizist, der vom Straßenrand freundlich eine Kelle schwingt.

Bei Haschisch ist das anders – da schafft das Hirn auch Altgewohntes nicht mehr. Schon das Starten des Fahrzeugs kann zum Problem werden, und schnelle Reaktionen: Fehlanzeige. Darum ist Autofahren nach Haschischkonsum eine richtig schlechte Idee, auf die aber auch nicht viele kommen, weil Haschisch ja auch träge macht und man gar keinen Ortswechsel mehr möchte. Wenn man sich bekifft fortbewegen muss, dann doch bitte lieber auf dem fliegenden Teppich.

Aber zurück zur legalen Droge Alkohol. Die ist im Straßenverkehr legal bis zu einem Blutwert von 0,5 Promille – wenn nichts passiert. Zwischen 0,5 und 1,1 Promille ist man laut Gesetzgeber »relativ fahruntüchtig«, was eine Ordnungswidrigkeit ist, über 1,1 Promille ist man »absolut fahruntüchtig« und begeht eine Straftat. Und dann ist auch ganz schnell der Führerschein in Gefahr.

Um den zu haben (und zu behalten), muss man charakterlich geeignet sein. Das ist man natürlich nicht, wenn man ständig besoffen fährt und dabei andere gefährdet. Woher wollen die denn wissen, ob ich häufiger besoffen fahre, wenn sie mich nur einmal erwischen, fragen Sie jetzt scharfsinnig. Da sind die Richter aber einfach lebererfahren – pardon: lebenserfahren. Sie wissen, wenn man einmal

1,6 Promille auf die Waage bringt, dann hat man Übung. Zumal wenn man sich in diesem Zustand noch halbwegs normal verhält, sich womöglich noch sauber artikulieren kann und mit den Beamten diskutiert. Das sehen sie als Indiz dafür an, dass man nicht nur regelmäßig viel trinkt, sondern auch regelmäßig betrunken Auto fährt. Und dann ist der Lappen ganz schnell weg.

Falls Sie also wieder einmal kräftig geladen haben und angehalten werden: Versuchen Sie nicht, nüchtern zu wirken. Lallen Sie, was das Zeug hält, übergeben Sie sich auf die Schuhspitzen des Beamten, bieten Sie ihm das Du an, und machen Sie auf diese Weise klar, dass es heute wirklich ein einmaliger Ausrutscher ist.

Wenn dann alles nichts mehr hilft, senkt sich das Damoklesschwert über Ihrem Haupt: Sie müssen zur gefürchteten MPU, zur Medizinisch-Psychologischen Untersuchung. Früher flapsig »Idiotentest« genannt – das war den Prüfern dann aber zu diskriminierend, und sie bestanden darauf, mit ihrer echten Berufsbezeichnung genannt zu werden: Psychologen.

Nach medizinischen Untersuchungen und Leistungstests ist das Kernstück der MPU ein etwa einstündiges Gespräch mit dem Psychologen. Davor haben die Probanden die größte Angst, zumal es währenddessen nichts zu trinken gibt.

Diese Angst würde ich gerne etwas zerstreuen, also entspannen Sie sich, gießen Sie noch mal nach, und versuchen Sie, das Buch ruhig zu halten.

DIE MPU

Die Psychologin trägt Kleidergröße 54 und sieht aus, als hätte sie früher die polnische Ringermannschaft angeführt. Ihre grau melierten Haare sind in einen strammen Dutt gestopft, die Bluse ist blütenweiß und hochgeschlossen, die beigefarbene Jerseyhose hat einen Gummizug im Bund, und die Füße stecken in Mephisto-Gesundheitsschuhen. Mephisto: Der Name ist Programm. Diese Frau ist der Teufel, aber einer aus Krupp-Stahl.

Sie versucht gar nicht erst, Ihnen Vertrauen einzuflößen, was mit ihrer schneidenden Kasernenhofstimme auch ein sinnloses Unterfangen wäre. Hier geht es nicht um Vertrauen, sondern um Respekt. Sie dürfen auf einem harten Holzstuhl Platz nehmen.

Psychologin: Ihr Name?

Sie: Walker, Johann Walker.

Psychologin: Das Trinken hat in Ihrer Familie also Tradition?

Sie: Nein, mein Vater hatte nur Humor.

Psychologin: Sie finden es also lustig, dass Sie zweimal mit Promillewerten weit über 1,3 im Straßenverkehr angetroffen wurden? Bis oben hin voll mit Johnny Walker?

Sie: Nein ...

Psychologin: Sie haben doch offensichtlich ein Problem mit dem Alkohol!

Sie: Nein – ich habe kein Problem mit dem Alkohol.

Psychologin: Aber vielleicht ohne?

Sie: Ich trinke doch nur ab und zu …

Psychologin: Die Polizei hat bei Ihnen größere Spritvorräte gefunden. 17 Flaschen Wein, drei Flaschen Schnaps, ein Kasten Bier …

Sie: Das ist mein Jahresvorrat. Und ich trinke auch nur zu Hause!

Psychologin: Ach. Und wenn Ihre Frau dann plötzlich schwanger wird und zur Entbindung in die Klinik gefahren werden muss?

Sie: Ich bin nicht verheiratet. Und wenn, würde meine Frau gewiss zu Hause entbinden.

Psychologin: Genug Alkohol zum Desinfinzieren haben Sie ja!

Sie: Aber was soll ich denn machen? Ich bekomme immer so viel Alkohol geschenkt von meinen Kunden.

Psychologin: Was sind Sie denn von Beruf?

Sie: Gerichtsvollzieher! Und das sind alles ganz edle Tropfen aus der Region.

Psychologin: Was haben Sie denn?

Sie: Trollinger aus dem Remstal, Lemberger vom Kappelberg, Riesling vom Rhein, Kirschwasser aus dem Schwarzwald und Bier von der Rothaus-Brauerei.

Psychologin: Sie trinken also gewissermaßen fürs Land?

Sie: Zur Stärkung der heimischen Wirtschaft und Kultur!

Psychologin: Na, dann will ich mal nicht so sein und ein Auge zudrücken – ich hab hier auch einen guten Tropfen aus meiner Heimat. Reinster Wodka. Nastrovje!

Ja, ich geb's zu, hier war der Punsch der Vater des Gedankens – ganz so nett wird's sicher nicht. Aber Sie schaffen das schon.

ICH HAB EINEN ZEUGEN

Schließen Sie jetzt mal die Augen, und sagen Sie mir, wie die Autorin des Buches heißt, das Sie gerade in Händen halten. Bei welchem Verlag ist es erschienen, und welches Bild ist in welcher Farbe auf dem Cover?

All dies müssten Sie wissen, Sie haben das Buch schließlich gekauft oder zumindest aus dem Bücherregal ausgewählt, angeschaut, aufgeschlagen und begonnen zu lesen. Nicht spicken!

Was haben Sie heute zum Frühstück gegessen? Auf welcher Seite des Tellers stand Ihre Kaffeetasse, und wie war die Schlagzeile auf der Frontseite Ihrer Zeitung? Die Kaffeetasse steht also immer auf der rechten Seite Ihres Tellers.

Genau! Und Sie schauen immer in den Rückspiegel, bevor Sie die Fahrbahn wechseln. Und Sie drehen den Kopf. Bevor oder nachdem Sie blinken? Was die Fragerei soll? Waren Sie schon einmal als Zeuge vor Gericht?

Da werden Ihnen genau solche Fragen gestellt. Sie werden zuvor belehrt, dass Sie nur die Wahrheit sagen dürfen, und wenn Sie etwas nicht mehr wissen, sagen Sie einfach: Ich weiß es nicht mehr. Fügen Sie nichts hinzu, lassen Sie nichts weg. Das mit dem »nichts hinzufügen« ist aber gar nicht so einfach – das macht unser Hirn nämlich ganz von alleine. Ohne bösen Willen. Lücken werden ersetzt.

Gerade bei Routinehandlungen. Ich blinke immer vor dem Linksabbiegen, also habe ich auch dieses Mal geblinkt. Ich habe keinerlei Erinnerung daran, aber es MUSS so gewesen sein.

Das ist das Schöne am Zeugenbeweis: Die Aussagen sind so ungemein verlässlich.

Man hat alles bestens gesehen, war voll konzentriert, objektiv und nicht emotional beteiligt, die Erinnerung funktioniert fotografisch auch noch nach Monaten, und lügen, Frau Richterin, lügen tue ich nie!

Letzteres stimmt sogar in den allermeisten Fällen. Die bewusste Lüge ist bei Zeugenaussagen eher selten und auch relativ leicht zu entlarven. Lügner können ihre Geschichte normalerweise nur von vorne nach hinten erzählen. Wenn Sie also das Gefühl haben, angelogen zu werden, durchbrechen Sie einfach mit Fragen das Zeitschema, lassen Sie sich das Geschehen von hinten erzählen, und schon bröckelt das Gebäude. Außerdem verlaufen Lügengeschichten immer linear und logisch. Es gibt keine Komplikationen, wahrscheinlich weil der Lügner sich komplizierte Umwege nicht merken kann. Wenn Sie also eine total verworrene, komplizierte Geschichte hören, die komplett unwahrscheinlich klingt, spricht vieles dafür, dass sie wahr ist. Aber wie gesagt, so richtig systematisch gelogen wird vor Gericht gar nicht so oft (hoffe ich).

Viel gefährlicher sind die unbewussten Irrtümer: Der Zeuge glaubt fest, dass das, was er sagt, der Wahrheit entspricht. Weil es einfach der Wahrheit entsprechen muss. Mein Freund Glauner hatte einmal folgenden Fall: Es war auf der Landstraße zwischen A und B zum Zusammenstoß im Kolonnenverkehr gekommen. Die Autofahrer aus den Kolonnen wurden von der Polizei zum Hergang befragt. Die Autofahrer aus A erzählten alle, sie seien von einem blauen Auto überholt worden.

Die Fahrer aus B wussten ganz genau, dass ein rotes Auto mit weit überhöhter Geschwindigkeit sie überholt hatte. Es waren auf jeder Seite mindestens vier Personen, die sich alle einig waren, alle hatten genau dasselbe gesehen. Es ergab sich ein klares Bild: Blaues Auto aus A knallt gegen rotes Auto aus B. Der Fahrer des blauen Autos gab aber an, er sei nicht aus A, sondern aus B gekommen – der Fahrer des roten Autos bestand darauf, dass er aus A gekommen sei.

Was war passiert? Nach dem Unfall stand das blaue Auto mit der Front in Richtung B, das rote Auto mit der Front in Richtung A. Die Fahrer aus den überholten Fahrzeugen konnten alle die Endposition sehen, erinnerten sich an ein Fahrzeug, das sie überholt hatte, und ergänzten messerscharf, dass jeweils das Auto, das jetzt in ihrer Fahrtrichtung stand, sie überholt haben musste. Keiner hatte daran irgendwelche Zweifel, keiner hatte den mindesten Anlass, diesbezüglich zu lügen.

Die Autos hatten sich aber beide beim Zusammenstoß gedreht und waren eigentlich aus der Gegenrichtung gekommen. Keiner der Zeugen erinnerte sich tatsächlich an die Farbe des Autos, das ihn überholt hatte. Aber es war den Zeugen nicht bewusst, dass sie sich nicht erinnerten. Zum Glück hing in diesem Fall der Ausgang nicht von der Qualität der Zeugenaussagen ab.

Oft ist es aber leider anders. Noch immer herrscht die weitverbreitete Meinung: Wenn ich einen Zeugen habe, bin ich auf der sicheren Seite. Und leider ist das oft auch so. Die Richter wissen zwar, dass der Zeuge ein schlechtes Beweismittel ist, was vor allem daran liegt, dass Zeugen eben Menschen und Menschen fehlbar sind. Trotzdem fragen sie Dinge aus den Zeugen heraus – und manchmal auch in sie hinein –, die Zeugen gar nicht wissen können:

»Wie schnell ist denn das Auto gefahren?«

»Schnell – genau weiß ich es nicht.«

»Schneller als 30 km/h?«

»Wahrscheinlich schon.«

»Schneller als 40 km/h?«

»Das glaube ich nicht.«

»Kann man also sagen, das Auto ist zwischen 30 und 40 km/h gefahren?«

»Ja, vielleicht schon.«

Der spitzfindige Anwalt bittet darum, genau diese Aussage ins Protokoll zu nehmen, also steht dann da:

»Der Zeuge sagt, das Auto sei zwischen 30 und 40 km/h gefahren.«

Und das, obwohl der Zeuge gerade auf dem Fahrrad einen Berg hochfuhr, also selbst in Bewegung war, was das Abschätzen von Geschwindigkeiten sehr erschwert, da er außer Atem war, was seine Aufmerksamkeit einschränkte, und nicht wusste, dass er vier Monate nach dem Vorfall als Zeuge befragt werden würde.

Das Tragische ist: Obwohl Richter wissen, dass Zeugen das meiste von dem, was sie so gefragt werden, gar nicht (mehr) wissen können, fragen sie diesen Quatsch. Warum?

Nun, es liegt in erster Linie daran, dass Richter Menschen sind und Menschen Gefühle haben. Und der Richter hat das Gefühl, er sollte den Sachverhalt aufklären. Wenn er das nicht schafft, ist er ein schlechter Richter. Also klammert er sich an das Beweismittel, das er hat – den Zeugen.

Und der Zeuge? Warum gibt er nicht zu, dass er Sachen nicht mehr weiß? Für den Zeugen ist der Auftritt vor Gericht ein heftiger Stress. Obrigkeit trifft auf Lampenfieber, Erwartungshaltung und Erfolgsdruck. Eine Mischung aus Abiturprüfung, Abschlussball und Quizsendung.

Der Zeuge spürt die Erwartung des Gerichts, und er will die Erwartung nicht enttäuschen. Er will mit seinem Wissen beitragen zur Aufklärung des Falls. Wissenslücken mag er, wie einst in der Abiturprüfung, nicht zugeben. Die vor Aufregung schweißnassen Hände versucht er wie beim Abschlussball zu verbergen, aber die allgemeine Aufmerksamkeit hindert, wie in der Quizsendung, das klare Nachdenken. Also fabuliert er munter drauflos und ist sich der Unwahrheiten, die er von sich gibt, gar nicht bewusst.

Das ist fast bei allen Zeugen so. Die Worte: »Ich kann mich nicht erinnern« gehen kaum jemandem über die Lippen. Ausnahmen sind da nur Politiker vor Untersuchungsausschüssen, von denen fast das Gegenteil zu sagen ist. Die sind schließlich so klug und weise, dass sie wie der alte Sokrates sagen können: Ich weiß, dass ich nichts weiß!

In Schnuckis Unfallsache sieht es zeugentechnisch leider schlecht aus. Sie hat nur einen Zeugen, ihren Freund. Im anderen Auto saßen vier Personen. Es steht also 1:4 – das riecht nach klarem Sieg für die Gegenseite.

Und ihr Freund hatte auch noch Alkohol getrunken, was seine Glaubwürdigkeit einschränkt.

HOFFENTLICH GUT VERSICHERT

Bevor aber irgendwelche Zeugen ins Spiel kommen, muss Schnucki sich erst mit der Versicherung auseinandersetzen. Sie will ihr Auto repariert haben oder am besten gleich ein neues. Leider hat die Versicherung über die Schadenshöhe ein Gutachten eingeholt. Der Gutachter sagt, die Reparatur sei weit teurer als der Restwert des Fahrzeugs. Das liegt hauptsächlich daran, dass das Fahrzeug schon einmal einen Schaden hatte, bei dem sich der Rahmen verzogen hatte.

Der wurde aber nur kosmetisch überpinselt. Das Auto ist also nichts mehr wert: wirtschaftlicher Totalschaden.

Na gut, denkt Schnucki, dann zahlt mir eben ein neues Auto. Weit gefehlt: Die Versicherung bietet ihr nur den Restwert, und der ist niedrig genug. Sie hat sich da eine gebrauchte Schrottschüssel andrehen lassen, die zwar ganz gut aussah und einigermaßen lief, aber tatsächlich nichts mehr wert war.

Für das, was sie jetzt von der Versicherung bekommen würde, kann sie sich höchstens ein Fahrrad kaufen. Also will sie klagen. Einen Anwalt hat sie ja schon, und der spitzt bereits den Griffel.

»Wen sollen wir verklagen«, fragt er frohgemut seine Mandantin.

»Wen könnten wir denn verklagen?«, fragt sie unschuldig zurück.

»Den Unfallgegner, die Versicherung oder den Händler, der Ihnen die Schrottkarre angedreht hat«, schlägt der Anwalt vor.

»Toll«, ruft Schnucki, »die klagen wir alle an!«

»Nein, nein«, wiegelt der Anwalt ab. »Nicht anklagen.«

»Was denn?« Schnucki zieht eine Schnute. »Nicht anklagen?«

»Nein, verklagen!!«, erklärt der Anwalt.

»Anklagen, verklagen – Sie verwirren mich ganz, Herr Anwalt. Hauptsache, Gericht!« Schnucki hat Blut geleckt.

Tatsächlich wird Anklagen und Verklagen oft verwechselt. Anklagen tut nur der Staatsanwalt, auch wenn manche Ehefrau sich ausgesprochen anklagend ausdrückt. Die Anklage landet dann vor dem Strafrichter, und der Angeklagte wird am Ende zu einer Strafe (Geldstrafe oder Freiheitsstrafe) verurteilt. Davon hat der Anzeigeerstatter, der die Sache ins Rollen gebracht hat, nichts – die Strafe geht nämlich an den Staat, und was der damit macht, das wissen die Götter vermutlich auch nicht. Der Anzeigeerstatter – meist der Geschädigte der Straftat – hat bestenfalls die moralische Befriedigung, dass der Sauhund eine Strafe bekommt. Eine Wiedergutmachung erhält er selbst aber nicht.

Die muss er vor dem Zivilgericht einklagen – ohne Staatsanwalt. Zivil- und Strafrichter arbeiten am selben Gericht innerhalb der sogenannten ordentlichen Gerichtsbarkeit. Daneben gibt es zum Beispiel die Sozialgerichte, die Arbeitsgerichte, die Finanzgerichte – die unordentliche Gerichtsbarkeit.

Die unterste Stufe der ordentlichen Gerichtsbarkeit ist das Amtsgericht, darüber das Landgericht, darüber das Oberlandesgericht, darüber der Bundesgerichtshof und dann nur noch der blaue Himmel.

Zivil- und Strafrichter kann man ganz leicht unterscheiden, zumindest am Amtsgericht, wo die mit Abstand meisten Fälle zunächst verhandelt werden. Die Strafrichter sind sehr locker drauf, hängen gerne in Grüppchen ab, trinken Kaffee oder Wein, rauchen Zigaretten und erzählen sich von ihren neuesten Fällen und wen sie gerade wieder verknackt haben. Mit den meisten Staatsanwälten ist man per Du – man hat ja auch dieselbe Ausbildung durchlaufen, kennt sich schon lange und wärmt gerne die alten Anekdoten auf. Wie die von dem Staatsanwalt, der auf der Heimfahrt von der Weihnachtsfeier Zeuge eines Verkehrsunfalls wurde, ordnungsgemäß anhielt und der Polizei Auskunft gab, bevor er nach Hause fuhr. Er wunderte sich, dass spät in der Nacht die Beamten an seiner Haustüre klingelten, aber er gab ihnen ohne Gegenwehr, was sie wollten: ihren Streifenwagen, mit dem er irrtümlich heimgefahren war und der jetzt ordentlich geparkt in seiner Garage stand. Ob eine Blutprobe veranlasst wurde, ist nicht überliefert.

Jeans und Sweatshirt sind unter diesen Kollegen die übliche Kleidung, wenn sie fleckig sein sollte, wäre das nicht schlimm, denn an Sitzungstagen zieht man einfach die Robe drüber und stopft sich einen weißen Schal in den Ausschnitt.

Ganz anders die Zivilrichter. Sie sind weit intellektueller als die Strafkollegen, denn jeder weiß, dass das Zivilrecht die Königsdisziplin der deutschen Rechts ist, und entsprechend qualifiziert muss man sein, um es auszuüben.

Anzug, weißes Hemd und Krawatte bei den Herren, Kostüm und Schluppenblüschen bei den Damen ist Standard, und die Robe würden sie gerne auch privat tragen. Die Gespräche sind weit weniger lustig, denn die Materie ist einfach zu komplex, als dass man Witze darüber reißen könnte. Aber natürlich haben auch sie Humor – sie zeigen es nur eben nicht so. Auch bei ihnen gibt es Anekdoten, wie zum Beispiel die von dem Kollegen, der eines Tages eine Kostenentscheidung fällte, in der stand: Der Kläger trägt von den Kosten 72 Prozent, der Beklagte 38 Prozent. Das ist ja auch zum Schießen – zum Schiehießen, sag ich Ihnen!

Dafür sind sie in der Lage, ihr Mittagessen in der Kantine unfallfrei mit Messer und Gabel zu sich zu nehmen und trotzdem hin und wieder über die Stränge zu schlagen: Einmal die Woche gibt es einen Cappuccino mit Sahnehaube, da pfeifen wir auf die Kosten!

So – und in diese Welt will sich unsere Schnucki jetzt begeben, um Ersatz für ihr kaputtes Auto zu bekommen: Sie lässt ihren Anwalt Klage erheben gegen den Unfallgegner und die Versicherung und dann gleich noch in einem Extraverfahren gegen den Typen, der ihr das Schrottauto angedreht hat.

Kurz darauf bekommt sie die Widerklage zugestellt: Der Gegner will den Ersatz seines Schaden von ihr.

Und dann kommt es zum ersten Termin vor dem Amtsgericht. Anwesend: Schnucki, ihr Anwalt Krämer, der jetzt auch ihre Versicherung vertritt auf der einen Seite. Auf der anderen Seite der Unfallgegner Horst und sein Anwalt Brzinski, der auch für die beklagte Versicherung auftritt.

VORHANG AUF FÜR SCHNUCKI

Anwalt Krämer: Meine Mandantin verlangt vom Beklagten und der Zweitbeklagten Schadensersatz aus einem Unfallereignis vom 13.10.2013 auf der Theodor-Heuss-Straße in Stuttgart. Meine Mandantin brachte wegen einer roten Signalanlage ihr Fahrzeug zum Stehen, woraufhin der nachfahrende Beklagte vermutlich aufgrund zu hoher Geschwindigkeit und eines fahrlässig verkürzten Sicherheitsabstands …

Anwalt Brzinski: Das ist doch glatt gelogen!

Anwalt Krämer: Herr Kollege, lassen Sie mich bitte ausreden.

Anwalt B: Lass ich doch.

Anwalt K: Nein, Sie haben mich unterbrochen.

Anwalt B: Wenn Sie aber auch so weitschweifig und fehlerhaft …!

Anwalt K: Keineswegs fehlerhaft.

Anwalt B: Unterbrechen Sie mich nicht, ich habe Sie auch ausreden lassen, Herr Kollege!

Anwalt K: Nein, haben Sie nicht – Sie haben mich unterbrochen!

Anwalt B: Mein Gott, nun bringen Sie Ihren Satz eben zu Ende.

Anwalt K: Es reicht, wenn Sie mich »Herr Krämer« nennen. Und gerne. Also, wo war ich stehen geblieben? Ach ja, wegen eines fahrlässig verkürzten Sicherheitsabstands und mangelhafter Aufmerksamkeit war der Beklagte und Widerkläger nicht in der Lage, sein Fahrzeug rechtzeitig zum Anhalten zu bringen, und fuhr auf das Fahrzeug der Klägerin rückwärtig auf, wodurch am Fahrzeug ein Schaden in Höhe von mindestens 3500.– Euro entstanden ist, den die Zweitbeklagte zu ersetzen hat.

Anwalt B: Darf ich nun?

Anwalt K: Sparen Sie sich Ihren Sarkasmus!

Anwalt B: Ich bin nur höflich.

Anwalt K: Das wäre mir neu.

Anwalt B: Also bitte, Herr Kollege – nicht in diesem Ton. Bleiben Sie bitte sachlich.

Anwalt K: Ich bin sachlich. Aber Sie haben offenbar nichts vorzutragen.

Anwalt B: Wenn Sie mich endlich zu Wort kommen ließen.

Anwalt K: Wir könnten schon längst fertig sein!

Anwalt B: Die Klage ist abzuweisen. Keineswegs haften der Beklagte und die Zweitbeklagte für den entstandenen Schaden, da sich die Klägerin und Widerbeklagte objektiv grob verkehrswidrig verhalten hat. Nicht nur überfuhr sie in stark alkoholisiertem Zustand zunächst eine rote Ampel, sie bremste danach auch grundlos abrupt und für andere Verkehrsteilnehmer nicht vorhersehbar ab und fuhr, ohne die beim Rückwärtsfahren erforderliche doppelte Sorgfaltspflicht einzuhalten, rückwärts und prallte deswegen mit dem Heck ihres Fahrzeugs gegen die Front des Fahrzeugs meines Mandanten, weswegen dort ein Schaden in Höhe von 4500.– Euro entstanden ist, den er widerklagend geltend macht und für den die Klägerin und Widerbeklagte sowie die Zweitwiderbeklagte haften.

Anwalt K: Die Widerklage ist abzweisen. Sie ist einfach lächerlich.

Anwalt B: Ich muss schon bitten.

Anwalt K: Lächerlich ist sie. Sie wissen genau, dass der Beweis des ersten Anscheins dafür spricht, dass der Auffahrunfall für meine Mandantin ein unabwendbares Ereignis war, sodass in diesem Fall sogar eine Haftung aus Betriebsgefahr zurücktreten muss.

Anwalt B: Im Gegenteil! Ihre Mandantin ist rückwärtsgefahren und gegen das stehende Fahrzeug meines Mandanten geprallt, sodass der Unfall für ihn unabwendbar war. Der Prima-facie-Beweis streitet hier für ihn! Was hätte er denn tun sollen? Sich in Luft auflösen?

Anwalt K: Nun werden Sie nicht polemisch.

Anwalt B: Ich weiß nicht, was meine Herkunft damit zu tun hat. Für den Hergang gibt es Zeugen!

Anwalt K: Die vier Saufkumpane Ihres Herrn Mandanten. Wer wird denen schon glauben!

Anwalt B: Ich darf daran erinnern, dass Ihre Mandantin nicht nur *leicht* betrunken am Steuer saß. Und ihr feiner Herr Freund, der anderweitig verheiratete Zeuge X, hatte ebenfalls nicht schlecht geladen, während die Beifahrer meines Mandanten so wie auch mein Mandant selbst bei einer freiwilligen Alkoholkontrolle ihre gänzliche Nüchternheit unter Beweis stellen konnten.

Anwalt K: Lügen können sie trotzdem!

Anwalt B: Tun sie aber nicht. Sie wissen, was sie gesehen haben! Lassen wir sie doch vernehmen.

Anwalt K: Wir wollen das Verfahren ja nicht endlos verzögern.

Anwalt B: Der erste vernünftige Satz, den ich von Ihnen höre.

Ihre Mandantin hat also den Schaden zu 100 Prozent zu tragen, wobei noch Kosten für den Mietwagen, der merkantile Minderwert des reparierten Fahrzeugs sowie pauschalierte Kosten hinzukommen, sodass am Ende 130 Prozent des Schadens zu ersetzen sind.

Anwalt K: Meine Mandantin lässt sich allerhöchstens eine Haftung aus Betriebsgefahr, aber keineswegs eine aus Verschulden anlasten. Außerdem ist ja auch ihr eigener Schaden in Abzug zu bringen.

Anwalt B: Das Auto war ja nichts mehr wert, weshalb sie ja auch den Verkäufer verklagen, weil er sie getäuscht haben soll, nicht wahr?

Anwalt K: Woher wissen Sie das?

Anwalt B: Anwaltliche Schweigepflicht! Haben Sie meinen diesbezüglichen Schriftsatz noch nicht erhalten?

Anwalt K: Darauf kommt es hier überhaupt nicht an.

Anwalt B: Vielleicht können wir uns ja einigen.

Anwalt K: Meine Mandantin ist im Recht, da kommt eine Einigung überhaupt nicht infrage.

Anwalt B: Dann brauchen wir die Zeugen und ein Gutachten – das wird ewig dauern. Und dann ist noch nicht sicher, ob Ihre Mandantin Geld bekommt.

Anwalt K: Meine Mandantin könnte sich höchstens vorstellen, auf 10 Prozent ihres Schadens zu verzichten.

Anwalt B: Das ist lächerlich. Sie soll 80 Prozent des Schadens meines Mandanten bezahlen!

Anwalt K: Mehr als 50 Prozent ist nicht drin, aber nur, wenn er auch 50 Prozent übernimmt!

Anwalt B: Wir sind doch hier nicht auf dem türkischen Basar!

Anwalt K: Ihnen als Pollacke dürfte das Geschachere doch nicht fremd sein.

Anwalt B: Ich muss schon bitten – etwas kollegialer Respekt muss schon sein. Ich kann auch die Rechtsanwaltskammer einschalten.

Anwalt K: Was ist nun mit fifty-fifty? Bei Kostenaufhebung?

Anwalt B: Das ist doch ein Nullsummenspiel. Dann soll sie doch gleich die Klage zurücknehmen.

Anwalt K: Niemals. Meine Mandantin hat keine Rechtsschutzversicherung.

Anwalt B: Welcher Trottel hat ihr denn dann zur Klage geraten? Mein Mandant fürchtet die Kosten nicht, er ist gut versichert.

Anwalt K: Also, bestenfalls die eigenen Kosten kann sie tragen.

Anwalt B: Dann lassen Sie uns den Vergleich doch so fassen: Die Parteien verzichten wechselseitig auf Ansprüche aus dem streitgegenständlichen Verkehrsunfall. Jede Partei trägt die eigenen Kosten, die Gerichtskosten trägt jede Seite zur Hälfte. Einverstanden?

Anwalt K: Einverstanden!

Anwalt B (zwinkert verschwörerisch): Na, dann bis nächste Woche gegen den Autoverkäufer.

Anwalt K (zu Schnucki): Den haben wir klein gekriegt, der zittert schon vor dem nächsten Prozess.

Schnucki: Und was krieg ich jetzt?

Anwalt K: Nix, aber Sie müssen auch nix zahlen!

Tja, hätte Schnucki einen fitten Anwalt gehabt, hätte der gewusst, dass bei der Verkehrsüberwachung an roten Ampeln immer mehrere Bilder gemacht werden und auch der Nachfolgeverkehr dokumentiert wird. Er hätte also die anderen Bilder von der Bußgeldbehörde anfordern und sehen können, wie sich der Unfall ereignet hat.

Unnötig zu erwähnen, dass auch der Prozess gegen den Autoverkäufer in die Binsen ging: Das war nämlich ein Privatmann, der die Haftung für Mängel ausgeschlossen hat.

Pech für Schnucki – aber was soll sie auch mit einem Auto, jetzt, wo sie keinen Führerschein mehr hat? Wäre sie mal besser einfach abgehauen, denkt sie sich. Sie denkt es – andere tun's. Unfallflucht ist ein beliebtes Hobby vieler Verkehrsteilnehmer.

IRRTUM AUSGESCHLOSSEN

Man kennt ja die Tricks der Kunden, meint man nach einiger Zeit als Strafrichterin. Eine Dame aus einer Kleinstadt im Neckartal war angeklagt der Unfallflucht. Sie hatte laut Staatsanwaltschaft in einem Parkhaus mit ihrem Wagen einen Schaden an einem anderen Wagen verursacht und sich unerlaubt vom Unfallort entfernt.

Die übliche Einwendung bei Unfallflucht ist: Ich hab's nicht mitbekommen – das ist meistens gelogen, denn auch leichte Kratzer spürt man im Fahrzeug, hierzu gibt es wunderbare wissenschaftliche Untersuchungen, und wer schon einmal mit seinem Spiegel an einem Parkhauspfosten entlanggeschrabbelt ist, kennt das unangenehme Gefühl. Die zweite Einwendung ist: Ich war so in Panik, dass ich einfach weitergefahren bin und gar nicht mehr wusste, was ich tat. Bei größeren Unfällen vielleicht sogar nachvollziehbar – bei einem Parkhaus-Streifschaden eher unwahrscheinlich.

Ich war also gespannt, was kommt. Zunächst kam einmal die Ladung zur Hauptverhandlung zurück – nicht zustellbar. Ich machte die übliche Anfrage beim Einwohnermeldeamt und bekam die Auskunft: Doch, doch, die Dame sei an der Adresse noch gemeldet.

Dann schaute ich genauer hin: Die Kleinstadt, um die es sich drehte, war zufälligerweise meine Heimatstadt, und deswegen kannte ich mich etwas aus. Die Anschrift war ein Gebäude am Stadtrand mit, nun ja, zweifelhaftem Ruf und überdurchschnittlich hoher Beleuchtung durch rote Glühbirnen.

»Na klar«, dachte ich bei mir in typisch richterlicher Vorurteilsfreiheit, »leichtes Mädchen, schwer zu kriegen.«

Ich ließ die Ladung per Wachtmeister zustellen, und siehe da, die Dame konnte tatsächlich angetroffen und geladen werden. Ich plante für die Hauptverhandlung allerdings nicht allzu viel Zeit ein, da ich mir ziemlich sicher war, dass sie nicht freiwillig kommen würde.

Aber ich wurde überrascht: Sie kam tatsächlich, und sie hatte noch eine weitere Überraschung für mich im Gepäck: eine ganz neue Einlassung.

Bei der Polizei hatte sie bisher keinerlei Angaben gemacht, sondern nur bestätigt, dass sie Halterin des Fahrzeugs war. Nun aber erklärte sie, dass sie den Unfall gar nicht verursacht habe.

»Super«, dachte ich, »lass uns den großen Unbekannten suchen – das verzögert die Sache. Und in der Zwischenzeit wirst du dich wahrscheinlich aus dem Staub machen und irgendwo anders deinem Gewerbe nachgehen.«

Auf die mehr rhetorisch gemeinte Frage, wer denn dann gefahren sei, erklärte sie, das sei ihr Exfreund gewesen. Der sei aber Berufsfahrer und habe Ärger gefürchtet, und deshalb habe sie ihn nicht angezeigt.

»Gar nicht so dumm, die Dame«, dachte ich. Diese Antwort bedeutete, dass die Polizei den Freund ermitteln und ihn befragen musste. Man hätte ihn auch als Zeugen vor Gericht laden können, wenn man denn seinen Namen und seine Anschrift gehabt hätte, aber ich war mir sicher, dass meine Angeklagte sich zwar an den Namen erinnern würde, ganz sicher aber nicht an die Anschrift – sonst wäre das Manöver »Zeit gewinnen« ja nur halb so wirkungsvoll.

Ich war bereit, wichtige Körperteile darauf zu verwetten, dass die Geschichte erstunken und erlogen war. Der Freund würde, wenn wir ihn denn ermitteln könnten, hier auftauchen und nichts sagen. Er musste sich ja nicht selbst belasten. Weil die Geschichte aber nicht undenkbar war, müsste man ihr dann auf andere Weise nachweisen, dass sie gefahren ist. Das wäre wahrscheinlich nicht möglich, und ich würde sie womöglich freisprechen müssen aus Mangel an Beweisen. Raffiniertes Luder!

Nur der Ordnung halber fragte ich, wie denn der Herr Freund heiße und wo er wohne. Daraufhin erklärte sie, er heiße Miroslav Jokic und habe zuletzt unter dieser Adresse gelebt, ob er da immer noch wohne, wisse sie nicht.

Letzteres überraschte mich jetzt gar nicht. Ich bestimmte also einen neuen Termin, zu dem ich den Herrn Jokic als Zeugen lud, und schloss einstweilen leicht resigniert die Akten. Die Ladung an Herrn Jokic kam nicht zurück, dafür kam er zum nächsten Termin.

Meine Angeklagte war auch da, und ich war gespannt auf das Schauspiel, das sie uns bieten würden. Er würde sich vermutlich entrüstet in die Brust werfen ob der unverfrorenen Beschuldigung der Dame und das Ganze als einen Racheakt aus verschmähter Liebe darstellen.

Diese Geschichten hat man schon so oft gehört, als Richter kann einen da nichts mehr überraschen. Ich belehrte den Zeugen also ganz ordentlich, dass er wahrheitsgemäße Angaben zu machen habe, sich allerdings nicht selbst zu belasten brauche.

Doch, doch, sagte der Zeuge. Er mache Angaben. Und ja, es stimme. Er sei gefahren und habe den Unfall verschuldet. Weil er aber Berufsfahrer sei, habe er Angst um seinen Führerschein gehabt und deshalb seine Freundin gebeten, nichts zu sagen. Jetzt, wo sie angeklagt sei und sie auch nicht mehr befreundet seien, könne er aber nicht verlangen, dass sie die Strafe für ihn übernehme, und deshalb müsse er es jetzt zugeben.

Ganz ehrlich: Ich war platt und fragte mehrmals nach, ob ihm klar sei, dass der Staatsanwalt das jetzt auch höre und ihm echter Ärger drohe. Und ich überlegte, wo der Trick sein könnte, mit dem er sich aus der Affäre ziehen wollte. Ich fand aber keinen: Der Mann war einfach nur anständig und gab seinen Fehler zu. Die Kleinstadt-Rotlichtszene hat mich überrascht – und ich bin extrem froh, dass ich nicht auf den Ausgang des Verfahrens gewettet habe, sonst wüsste ich heute nicht, worauf ich sitzen sollte.

§ 5 VON WEGEN ERHOLUNG –
DAS REISERECHT

Wenn bei Capri die rote Sonne im Meer versinkt,
find' sich sicher ein Querulant, dem das richtig stinkt.
Er beschwert sich deswegen gleich bei der Rezeption
und verlangt auf den Reisepreis eine Reduktion.
Er behauptet, er hätt' das mehrfach schon ausgecheckt:
Von versinkenden Sonnen stehe nichts im Prospekt.
Und er sagt, sie sei auch gänzlich ohne Not
puterrot – der Idiot.
Mängel-Mängel-Mängel-Manie,
das Gequengel führt zum Ziel irgendwie.
Mängel-Mängel-Mängel-Manie,
bezahlt wird nie.

Seien wir einmal ehrlich: Erholung im Urlaub ist ja gut und schön, aber was könnte schöner sein, als nach Ende des Urlaubs den Reiseveranstalter noch einmal so richtig ranzunehmen und vor Gericht eine tüchtige Minderung zu erstreiten und damit einen Teil der Reisekosten wieder zurückzubekommen? Wenn man sich die glücklichen, ja manchmal fast ekstatischen Gesichter derer anschaut, die nach erfolgreichem Prozess das Gericht verlassen, dann weiß man: Erst der gewonnene Rechtsstreit bringt die eigentliche Befriedigung in Sachen Urlaub.

Doch Vorsicht: Nicht jeder Aspekt der Reise bietet die gleichen Chancen auf einen erfolgreichen Ausgang des Verfahrens. Das liegt auch daran, dass die Richter sich selbst durchweg als Sachverständige in Sachen Urlaub sehen. Es ist nämlich ein Vorurteil, wenn man glaubt, Richter säßen die ganze Zeit nur auf dem Tennis- oder Golfplatz herum. Nein: Sie reisen viel und nutzen selbstverständlich auch die Urlaubszeit zur beruflichen Fortbildung. Sie kennen sich deshalb aus mit den Zuständen in Flugzeugen, Hotels und auf Kreuzfahrtschiffen auf der ganzen Welt. Und worum die Bundesregierung in Sachen Frauen seit Jahren vergeblich ringt – im Reiserecht ist sie längst verwirklicht: die Quote – die Minderungsquoten nämlich für Urlaubsreisen.

Damit sich für Sie der nächste Urlaub auch richtig lohnt, hier die besten Tipps, wie Sie Enttäuschungen vermeiden und wo Sie am meisten rausholen können.

FINGER WEG VOM FLUGKAPITÄN

Am Flug herumzumäkeln bietet keine große Aussicht auf Erfolg.

Die Fluggesellschaften verlegen immer wieder gerne und auch gerne kurzfristig die Flugzeiten. So kann es schon einmal vorkommen, dass der Flieger statt, wie geplant, morgens um acht Uhr erst abends um 20 Uhr fliegt, dann auch noch Verspätung hat, sodass man letztlich mitten in der Nacht im Urlaubsort ankommt. Dass das unbequem ist, sieht auch das Gericht, findet es aber meist nicht so schlimm, dass man deswegen Geld zurückbekommen müsste, denn schließlich hat man bei Buchung einer Pauschalreise keinen Anspruch auf bestimmte Flugzeiten.

Und selbst wenn der Flieger spät am Abend landet: Im Urlaub hat man ja die Möglichkeit, am nächsten Tag lang auszuschlafen, sodass es sich wieder ausgleicht. Nur in ganz krassen Fällen – Ankunft im ägyptischen Hurghada am nächsten Tag um 4.45 Uhr bei Weiterfahrt nach Luxor um acht Uhr – gibt's dann mal eine Reduktion um 50 Prozent, aber nur für den betreffenden Tag, wie das Amtsgericht Düsseldorf entschied.

Oder bei einer Kurzreise, wenn der Rückflug von 15 Uhr auf 5 Uhr vorverlegt wird und auch noch der Zielflughafen ausgewechselt wird – Überraschung! Sie landen in Nürnberg, nicht in München – dafür gibt es 100 Prozent zurück, aber natürlich auch nur 100 Prozent des Preises für den letzten Urlaubstag.

Es ist auch nicht lohnend, sich mit dem Kapitän anzulegen. Auf Schiffen ist einem das instinktiv klar: Wer würde es wagen, Streit mit dem Traumschiffkapitän Sascha Hehn anzufangen, wenn es darum geht, die Leistungsfähigkeit der Klimaanlage zu bemängeln? Niemand würde die Chance, beim Captain's Dinner am Tisch des Chefs sitzen zu dürfen, fahrlässig aufs Spiel setzen, indem er dem Träger der Galauniform Widerworte entgegenbringt.

Ebenso ist es beim Flugkapitän, auch wenn man den selten zu Gesicht bekommt und nur seine Stimme durch einen entsetzlich knisternden Bordlautsprecher hört. Wie um zu beweisen, dass er tatsächlich existiert und das Flugzeug nicht nur vom Autopiloten gesteuert wird, versorgt uns der Kapitän mit aktuellen Wetterdaten und dem Hinweis, dass man gerade Malta überfliege, was man links sehen könnte, wenn nicht eine dicke Wolkenschicht darüberläge. (Auch wenn die Ansage klar lautet, dass man nichts sehen kann, beugen sich in diesem Moment alle Reisenden unisono nach links, um sich mit eigenen Augen davon zu überzeugen, dass man wirklich nichts sehen kann. Der Kapitän weiß das und steuert prophylaktisch ein wenig nach rechts – wundern Sie sich also nicht über die Schlingerbewegungen an dieser Stelle.)

Wenn der Flugkapitän einen Gast aus dem Flugzeug wirft – vor Abflug, versteht sich –, weil dieser zu betrunken ist, kann der Gast keine Reisepreisminderung geltend machen, wenn der Kapitän den Reisenden vor den Gesundheitsgefahren schützen will, die sich als Auswirkungen der Flughöhe in alkoholisiertem Zustand ergeben können. Diese Auswirkungen sind wohl am ehesten das Erbrechen von Frühstück und Alkohol, wenn das Flugzeug überraschend in ein Luftloch absackt, und die sich anschließenden körperlichen Züchtigungen durch die Dame vom Nebensitz, auf deren Kleidung dies geschieht.

Angeblich besteht auch die Gefahr des Kollabierens bei Absinken des Luftdrucks. Trotzdem können die Entscheidungen des Kapitäns auch vor Gericht überprüft und manchmal auch für falsch gehalten werden. Eine Alkoholfahne und ein lautstarker Streit unter Fluggästen reichen noch nicht, um einem Gast den Flugtransport zu verwehren, und der Reisepreis musste an den fälschlicherweise an die Luft gesetzten Passagier zurückgezahlt werden.

Dafür darf der Kapitän die Mitnahme eines Babys verweigern, wenn dieses erkennbar mit Windpocken infiziert ist, wenn er der Meinung ist, dass eine Ansteckungsgefahr für die Mitreisenden bestehe. Dies gilt sogar, wenn zuvor ein Kinderarzt die Reisefähigkeit des Babys bescheinigt hat. Flugkapitäne sind eben nicht nur Überflieger, sondern auch Mediziner und Propheten.

Wie auch immer, jedenfalls ist es nicht clever, sich mit dem Flugkapitän anzulegen, und auch dem Kabinenpersonal ist unbedingt Folge zu leisten. Das habe ich am eigenen Leib erfahren.

Auf dem Rückflug vom Pfingsturlaub vor vielen Jahren stellte die Stewardess bei der Kontrolle des Gurts fest, dass ich offensichtlich schwanger war. Das stimmte auch, ich war im 5. Monat, sah jedoch, weil es mir traditionell immer und in den Schwangerschaften besonders gut schmeckt, aus wie im 8. Monat.

Ich erklärte ihr freundlich den Stand der Dinge, zeigte ihr meinen Mutterpass, aus dem sich derselbe Sachverhalt ergab, konnte sie aber nicht überzeugen, dass es in diesem Stadium keinerlei Risiko gab. Mein Mann schaltete sich ein, gab sich als Arzt zu erkennen und erklärte ebenfalls, dass alles in Ordnung und risikolos sei.

Nach einer kurzen Konferenz mit dem Kapitän im Cockpit kam die Stewardess zurück und erklärte, wenn ich mitfliegen wolle, müsse ich eine Haftungsfreistellungserklärung unterschreiben, um die Fluggesellschaft im Hinblick auf die Risiken zu entlasten. Das war für mich in Ordnung, und ich las das Formular, das sie mir gab, eilig durch. Es handelte sich um eine Haftungsfreistellungserklärung für verloren gegangenes Reisegepäck und hatte mit Gesundheitsrisiken nicht das Geringste zu tun. Alles musste sehr schnell gehen, da das Flugzeug bereits die Startfreigabe erhalten hatte und innerhalb von wenigen Minuten starten musste, sonst wäre diese wieder verfallen, und wir hätten an dem Tag nicht starten können. Ich verzichtete also darauf, die Dame darauf hinzuweisen, dass das mir vorgelegte Formular an Unsinnigkeit kaum zu übertreffen war, und unterschrieb es zügig, um ihre Nerven zu beruhigen. Erleichtert nahm sie den Zettel, brachte ihn dem Kapitän, und wir hoben ab.

Wenige Minuten später kam sie zurück, und ich befürchtete schon, jetzt einen längeren bürokratischen Streit führen zu müssen. Sie wollte aber nichts mehr von mir, sondern fragte meinen Mann, was für ein Arzt er denn sei. Allein schon diese Frage sorgt ja gerne für leichte Unruhe – wir alle kennen den Ruf: Ist ein Arzt im Saal?

Mein Mann gab zu, dass er Zahnarzt ist. Die Stewardess bat ihn daraufhin, mit ihr ins Cockpit zu kommen. Ich war überzeugt, dass es jetzt Ärger gäbe nach dem Motto: Was kann denn ein Zahnarzt über eine Schwangerschaft sagen? Lange kam mein Mann nicht zurück, und erst als das Flugzeug zum Zielanflug ansetzte, wurde er aus dem Cockpit entlassen. Was er denn so lange getrieben habe, wollte ich wissen. Och, meinte er, der Kapitän hatte starke Zahnschmerzen und wollte gerne für den nächsten Tag einen Termin in der Praxis: Den Rest der Zeit habe man sich nett unterhalten, und im Cockpit fliegen sei ja doch recht interessant. Na prima, dachte ich. Wegen eines dicken Bauches rumzicken, aber selber Zahnschmerzen haben und trotzdem fliegen – das nenne ich fürsorglich.

Ich hätte nach diesem Vorfall auch versuchen können, eine Minderung zu bekommen, wie das Ehepaar Huber aus Ludwigsburg. Die hatten beim Rückflug getrennt Platz nehmen müssen: er in der Business-Class, sie in der Economy-Class, und wegen der Tatsache, dass sie alleine hatten sitzen müssen, 40 Euro zurückbekommen. 10 Euro er, 30 Euro sie.

Offenbar fand es der Kollege vom Amtsgericht Ludwigsburg für den Mann weniger schlimm, ohne seine Frau sitzen zu müssen, als umgekehrt.

In meinem Fall hätte der Richter wahrscheinlich gesagt,
ich hätte keinen Anspruch auf eine Entschädigung für das
Alleinfliegen, denn ich hätte ja immer noch meinen Bauch
gehabt.

Erfolglos war auch die Klage wegen Schnarchens eines Mitreisenden: Vollkommen realitätsnah entschied ein
Frankfurter Richter, dass es normal sei, wenn auf Langstre-
ckenflügen geschlafen würde, und dass dabei geschnarcht
werde, sei klassenunabhängig: Selbst in der Business-Class
werde mitunter geschnarcht.

Weniger Spaß verstehen die Richter, wenn die Sitze nicht
breit genug sind – zumindest dann, wenn sie im Prospekt
als breiter angepriesen sind. Und wieder ganz realitätsnah
stellen sie klar, dass die Breite eines Sitzes durch die Sitzflä-
che definiert wird und die Lehnen dabei nicht einzurech-
nen sind. Die Höhe der Minderung entspricht dann ziemlich genau der Differenz zwischen angegebener Breite und
tatsächlicher Breite: 48 cm statt 63,5 cm ergibt 30 Prozent
Minderung – unabhängig von der tatsächlich benötigten
Breite.

HUNDE GUT, BAULÄRM BESSER, KINDER SCHLECHT

Prima Erfolgsaussichten für Klagen gibt es beim Zustand
des Hotels. Das lässt sich auch gut vorausplanen: Suchen Sie
einfach im Katalog nach »jungen, unverbrauchten Urlaubs-

regionen« – das sind nämlich die, wo es noch ganz wenig Hotels gibt, weil die gerade erst gebaut werden, und zwar genau dann, wenn Sie dort Urlaub machen.

Prächtige Minderungsquoten sind zu erzielen, wenn Sie direkt auf der Baustelle, quasi im Rohbau, untergebracht werden. Zwischen 60 und 100 Prozent können Sie da herausholen – Sie müssen sich nur auf eine Art Trekkingurlaub einstellen. Aber es gibt ja auch Menschen, die freiwillig ihren Urlaub im Wohnwagen oder gar im Zelt verbringen, da werden Sie doch ein paar Wochen in einem ungeheizten Betonklotz überstehen.

Im Katalog können Sie diese Hotels leicht dadurch ausfindig machen, dass noch keine Fotos vorliegen, sondern liebevoll illustrierte Skizzen. Das buchen Sie, und dann lassen Sie sich überraschen vom Fleiß und der Ausdauer südländischer Bauarbeiter: Die Bauarbeiten beginnen gerne um sieben Uhr morgens und dauern bis 23.30 Uhr in der Nacht, und zum Einsatz kommen lautstarke Geräte wie Bohrhammer und Fliesenschneider. Sonntags wird ab 5.20 Uhr mit Reinigungsarbeiten begonnen – da könnten sich die Bauarbeiter hierzulande eine Scheibe abschneiden.

Baulärm von 7–22 Uhr, eine laute Diskothek und mehrmaliger Fehlalarm des Feuermelders (5–6 Mal) begründen immerhin eine Minderung von 40 Prozent, wie das Amtsgericht in Bad Homburg entschied.

Ein anderer Reisender hatte sehr darauf vertraut, wegen einer lauten Diskothek seinen Reisepreis mindern zu können. Er wurde aber extrem enttäuscht: Die versprochene Diskothek war gar nicht vorhanden. Dennoch ließ ihn das Gericht nicht im Regen stehen. Wegen der nicht vorhandenen Diskothek bekam er in dritter Instanz wenigstens noch fünf Prozent Minderung – unabhängig davon, ob er die Diskothek überhaupt nutzen wollte.

Es könnte sich also lohnen, mit dem Prospekt in der Hand durch die Hotelanlage zu gehen und zu suchen, welche vollkommen irrelevanten Dinge der Prospekt zusichert. Wenn die fehlen, egal, ob Sie sie vermissen oder nicht, schon gibt's eine schöne Minderung!

Nun zu ein paar Anfängerfehlern, die Sie unbedingt vermeiden sollten: Da haben Sie im Katalog ein Zimmer zur Meerseite gebucht und glauben nun, Sie könnten deswegen maulen, weil Sie das Meer nicht sehen, weil zwischen Ihnen und dem Gewässer zwei bis sieben andere Hotels stehen. Falsch: Ausdrücklich stand im Katalog »Meerseite« – das ist also die Seite des Hotels, auf der das Meer ist und nicht etwa die Autobahn, der Schienenstrang oder die Kläranlage.

Von »Meerblick« war nie die Rede. Die Anbieter sind da auch ganz offen und unterscheiden deutlich zwischen »MB« für »Meerblick« und »MS« für »Meerseite«. Nur absolute Amateure glauben, dass das gebuchte Hotel mit »Meerblick« unmittelbar am Meer steht. Denn blicken kann man ja bekanntlich ziemlich weit, also auch, wenn das Hotel kilometerweit vom Meer entfernt auf einem sichtgünstigen Felsen steht. Man muss eben den Durchblick haben.

Schlangen beim Essen sind nicht etwa ein Indiz dafür, dass Sie eine Safari gebucht und bei den Mahlzeiten freundlichen Besuch der einheimischen Fauna bekommen haben. Sie sind – zumindest in der Form von Warteschlangen – ein häufig vorkommendes Phänomen des modernen Massentourismus und damit als bloße Unannehmlichkeit entschädigungslos hinzunehmen. Erst ab einer Wartezeit von regelmäßig 45 Minuten bei verdreckten Tischtüchern und fehlendem Besteck ist an eine Minderung von fünf Prozent zu denken. Das muss man aus der Sicht der Richter auch verstehen: Gehen Sie mal in eine Justizkantine. Da warten Sie auch endlos, und was Sie schließlich auf dem Teller haben, erklärt so manche schwer verdauliche Entscheidung. (Und auch die Tatsache, dass sich in vielen Richterschreibtischen angebrochene Schnapsflaschen finden, was wiederum so manche Entscheidung … Sie verstehen schon!)

Aus demselben Erfahrungshorizont heraus ist auch zu verstehen, dass aus dem Charakter der Mitreisenden keine Minderungsansprüche abgeleitet werden können. Eine Entscheidung des Amtsgerichts Hamburg kann hier als beispielhaft für viele gelten und sei kurz zitiert: »Es stellt keinen Reisemangel dar, wenn in einem Luxushotel in Tunesien, in dem der 14-tägige Aufenthalt mit Halbpension und Flug 2000 DM kosten, Gäste aus einem benachbarten, überfüllten Dreisternehotel untergebracht werden, die in Badekleidung zum Essen erscheinen, Körpergeruch ausströmen und rülpsen (…) Von vornherein konnte der Kläger bei diesem Preis nicht davon ausgehen, dass er sich ausschließlich unter besonders wohlbetuchten Mitreisenden aufhalten werde. Insbesondere ist aber auch kaum ein Zusammenhang ersichtlich zwischen der Höhe des Familieneinkommens einerseits und dem Benehmen in der Öffentlichkeit andererseits. Die Phänomene, die der Kläger beschrieben hat, nämlich Körpergeruch und Badekleidung beim Essen, sind typische – wenn auch nicht feine – Erscheinungen eines Strandhotels und somit als bloße Unannehmlichkeiten hinzunehmen, die ihren Grund in dem üblichen Rahmen menschlichen Zusammenlebens finden. Auch wenn der eine oder andere Mitreisende ›rülpst‹, kann dies nicht Gegenstand eines Reisemangels sein. Die daraus entstehende Beeinträchtigung erreicht ein rechtlich erhebliches Maß nicht.«

Sie sehen, der Richter ist Kummer gewohnt, auch wenn in seiner Kantine das Essen in Badekleidung auch eher die Ausnahme sein dürfte, Sie können sicher sein: Den Rest kennt er!

Tiefe Einblicke in die Erfahrungswelt des Amtsrichters gibt auch diese kurze Entscheidung: Das Fehlen von Sektgläsern auf einer Winterurlaubshütte stellt keinen Fehler der Reise dar. Es ist gerichtsbekannt, dass Sekt auch in Saftgläsern seinen vollen Geschmack entfaltet.

Woran merken wir, wenn wir es bei Gericht mit echten deutschen Urlaubsprofis zu tun haben? Genau: Sie kommen vor Beginn der Verhandlung und reservieren ihre Plätze mit Handtüchern. Und genau so geht es: im Morgengrauen aufstehen, Handtücher packen, Liegen requirieren, ausgiebig frühstücken, dann den verdienten Platz am Pool einnehmen und sich von der einmal in Beschlag genommenen Liege konsequent nicht mehr wegbewegen.

Als naiv müssen demgegenüber die Reisenden angesehen werden, die wertvolle Urlaubszeit darauf verwenden, die Liegen zu zählen und festzustellen, dass es weniger sind als Betten im Hotel (nämlich nur 642 Liegen bei 1080 Betten). Dass also rein rechnerisch nicht für jeden Gast eine Sonnenliege zur Verfügung steht. Die müssen sich dann von hoch bezahlten Richtern sagen lassen, dass es mit Liegen ist wie mit Tennisplätzen: Es reicht, wenn grundsätzlich welche da sind, und man kann sie eben nur benutzen, wenn sie frei sind. (Jetzt aber bitte nicht demnächst die Tennisplätze mit Handtüchern reservieren!)

Ich merke, wie Sie allmählich unruhig werden und sich sagen: O.k., all diese Dinge werden wir *nicht* tun und damit zumindest Anwaltskosten sparen, aber wo können wir denn wirklich etwas herausholen? Wir gehen ja schließlich nicht zum Spaß in den Urlaub.

Also gut, hier kommt ein brandheißer Tipp: Auf Ischia gibt es eine Ferienwohnanlage, wo in den Häusern rundherum Hunde leben, und diese Hunde bellen, vor allem nachts, was das Zeug hält. Und dafür haftet der Reiseveranstalter, auch wenn es gar nicht seine Hunde sind. Hunde sind nämlich – auch wenn manche so aussehen – keine höhere Gewalt. Sie »stellen sich nicht als Teil der nicht beherrschbaren Natur dar, wie zum Beispiel eine plötzlich auftretende Überschwemmung, ein orkanartiger Sturm oder eine sonstige Naturkatastrophe«, und führen deshalb zu einer satten Minderung von 27,5 Prozent, wie das Amtsgericht Frankfurt 1991 entschied.

Sie haben recht, diese Entscheidung ist schon ein paar Tage alt. Vielleicht sind die Hunde inzwischen domestiziert oder chloroformiert. Aber es gibt bestimmt anderswo auch bellende Hunde: Hören Sie sich um!

Glatt vergessen können Sie Beschwerden wegen Kinderlärm. Natürlich sagt es keiner so direkt, aber Richter wissen aus meist eigener, leidvoller Erfahrung: Kinder gehören in die Kategorie höhere Gewalt und sind vom Menschen nicht zu beherrschen. Auch nicht im Urlaub. Wenn Sie also wieder einmal kreischende Bälger durch den Speisesaal rennen sehen, die, nachdem sie die Bedienung zu Fall gebracht und ihre Füßchen mit verschüttetem Apfelsaft getränkt haben, die Patschehändchen in die Mousse au Chocolat am Büfett tunken, lächeln Sie und denken Sie: Nächstes Mal fahr ich nach Ischia!

Ein sehr eigenartiges, widersprüchliches, ja nachgerade wetterwendisches Verhältnis hat die Justiz zum Wetter. Kann etwa das Sportangebot (Surfen, Wasserski, Tennis) wegen extremer Starkwinde nicht wahrgenommen werden, so haftet der Veranstalter hierfür nicht, da das Wetter als höhere Gewalt vom Reisenden hinzunehmen ist. Der Veranstalter braucht auch auf bestimmte Witterungsverhältnisse nicht hinzuweisen, da es allgemein bekannt ist, dass es auch im Sommer selbst am Mittelmeer einmal schlechtes Wetter geben kann. Das Gericht eine Etage höher in Frankfurt, das OLG, war aber der Meinung, bei der Durchführung einer Kilimandscharo-Überquerung müsse auf die Möglichkeit hingewiesen werden, dass die Veranstaltung bei schlechtem Wetter eventuell nicht durchgeführt werden kann. Dem ist zuzustimmen, denn woher soll der Reisende wissen, dass Dauerregen und Nebel den Aufstieg erschweren oder sogar unmöglich machen könnten? Dass im Gebirge gar das Wetter wechseln kann? Schließlich hat er ja eingeborene Träger gebucht, und dass denen solche Kinkerlitzchen den Aufstieg auf gerade einmal 5800 Meter erschweren – damit muss der Europäer doch nicht rechnen. Es gab 50 Prozent Minderung.

Auf anderen Gebieten wird dem Reisenden viel Allgemeinwissen abverlangt: Man hat gefälligst zu wissen, dass in Guatemala das Kriminalitätsrisiko extrem erhöht ist – das liegt schließlich in Mittelamerika, das weiß doch nun wirklich jedes Kind. (Wer fährt dort überhaupt freiwillig hin?) In der Entscheidung heißt es: »Hinzu kommt, dass sich die Kläger, nachdem sie Opfer des Raubüberfalls (von mit Maschinenpistolen bewaffneten Männern) geworden sind, sich Informationen per Internet über das von ihnen bereiste Land verschafft haben. Eine solche Maßnahme wäre jedoch als Vorbereitungsmaßnahme vor Antritt der Reise zu erwarten.« Eben: selbst informieren und nicht faul darauf warten, dass einem der Reiseveranstalter jede Information an den Hintern trägt.

Auch mit Diebstählen aus Hotelzimmern muss in südlichen Ländern gerechnet werden – Sie brauchen sich also nicht beklauen zu lassen! Denn dafür gibt's keine Minderung.

Ertragreicher – aber hier können weitgehend nur die Frauen profitieren – wäre eine Vergewaltigung durch Hotelpersonal. Hier gab es volle 100 Prozent, und zwar für den ganzen Urlaub, obwohl die Vergewaltigung erst in der letzten Nacht stattgefunden hat. Der Veranstalter hat noch sympathischerweise argumentiert, in der Zeit davor habe ja Erholung stattgefunden, und der Urlaub sei insoweit einwandfrei gewesen – eine Minderung komme, wenn überhaupt, dann nur für die letzte Nacht infrage. Aber das Gericht war dann doch der Auffassung, dass durch das Erlebnis in der letzten Nacht der Gesamterholungswert deutlich gelitten habe.

Eine Schießerei mit Handfeuerwaffen bringt auch ordentlich etwas ein. 100 Prozent am Tag des Ereignisses, 50 Prozent am Tag darauf und noch 25 Prozent an den Folgetagen – und man muss noch nicht einmal einen Aufpreis zahlen für das Eventpaket »Crime live«.

Durch Buchung in gewissen gefahrgeneigten Gegenden – Naher Osten, Nordafrika, Bronx – können Sie also die Wahrscheinlichkeit dieser Minderungsmöglichkeit deutlich erhöhen, ob natürlich die oben beschriebenen traumhaften Quoten angesichts der allgemein rauer werdenden Sitten gehalten werden können, kann ich nicht versprechen. Überhaupt sind die vorliegenden Tipps alle ohne Gewähr.

Wie auch der Tipp des Veranstalters an seinen Kunden, der mit dem eigenen Auto anreiste, man möge an den langen Schlangen an der polnisch-weißrussischen Grenze einfach vorbeifahren. Der Reisende, der den Tipp befolgte, sich dann aber »Tätlichkeiten der Wartenden« ausgesetzt sah, klagte erfolglos auf Minderung. Der Tipp sei unverbindlich gewesen, er hätte ihn ja nicht zu befolgen brauchen.

Mit einer üppigen Minderung dürfen Sie rechnen, wenn sich auf Ihrer Kreuzfahrt in die Karibik unter 560 Passagieren eine 500 Mann starke Reisegruppe aus der Schweiz befindet, die aus der Reise ein landsmannschaftliches Erlebnis macht. Nicht nur, dass Sie in den Genuss von Blasmusik, Jodeln, Alphornblasen, Trachtentänzen, Chörlisingen und Ähnlichem kommen, nein, Sie können auch wichtige Kontakte für künftige, diskrete Finanztransaktionen knüpfen und am Ende den Reisepreis um 40 Prozent mindern. Allerdings müssen Sie dafür auch hinnehmen, dass der Reiseleiter Bruno seine Borddurchsagen ausschließlich auf Schwyzerdütsch macht – falls Sie ein Kratzen im Hals verspüren: Ricola hilft!

Ich weiß nicht, ob dieses Urteil die diplomatischen Beziehungen zu unserem Nachbarn Schweiz weiter belastet hat, weil es dort als Diskriminierung verstanden wurde.

Ich möchte den Reigen jedenfalls beschließen mit einer aktuellen Entscheidung des Amtsgerichts Stuttgart-Bad Cannstatt, die ich selbst für in hohem Maße diskriminierend halte – straft sie doch die naturgegebenen Mängel in der Aussprache süddeutscher Landsmannschaften.

Der Kläger hatte telefonisch eine Reise nach Porto gebucht. Die Angestellte des Reisebüros hatte aber Bordeaux verstanden und so auch gebucht. Nun ist es eben so, dass der Schwabe »Porto« ausspricht wie »Bordo«, was sich phonetisch von »Bordeaux« nicht unterscheidet. So war der Irrtum auch nach mehrmaligen Rückfragen sprachlich nicht aufzuklären. Trotzdem musste der Kläger die Reise bezahlen, was er vermutlich nicht aus der Portokasse erledigen konnte.

§

ALBTRAUMURLAUB IN DER KARIBIK

Der erste Fall, in dem ich selbst einmal vor Gericht gezogen bin, war tatsächlich ein Reiserechtsfall. Mit der jungen Familie wollten wir uns einen ganz besonderen Urlaub gönnen und buchten über Weihnachten und Silvester zwei Wochen Dominikanische Republik. Das ist schon ein paar Jahre her, und die DomRep galt damals als Geheimtipp – viele unserer Bekannten hatten schon geschwärmt, wie toll es dort sei.

Also investierten wir auch richtig Geld für Flug und ein All-inclusive-Vier-Sterne-Hotel.

Schon der Hinflug war abenteuerlich. Die Sitze im völlig ausgebuchten Flugzeug waren so eng gestellt, dass an Beinfreiheit bestenfalls gedacht werden konnte, wenn man zwei Jahre alt war, sodass also zumindest unser zweijähriger Sohn recht gemütlich zu sitzen kam.

Wir Erwachsenen hatten die Knie an den Bandscheiben des Vorsitzers – zum Ausgleich aber auch die des Hintermannes an den unseren. Das Einsteigen dauerte schon ewig – anscheinend war es schwierig, für alle einen Platz zu finden, zumal auch Menschen mit BMI über 21 mitfliegen wollten, für die die Sitze eigentlich schon zu schmal waren.

In der letzten halben Stunde vor dem Abflug wurden noch einmal alle Handgepäckfächer entleert und die darin befindlichen Decken und Kissen aus dem Flugzeug gebracht. Die Stewardess erklärte uns, dies geschehe, weil sonst das Gewicht zu hoch sei. Wunderbare Vorstellung: ein 18-Stunden-Flug ohne Kopfkissen und Decken.

Trotz allem flog der Vogel, und wir kamen – zwar gerädert, zerknittert und übernächtigt, aber immerhin in einem Stück – an.

Der Transfer zum Hotel fand in einem nicht klimatisierten Omnibus statt, bei dem man offenbar der Meinung war, Stoßdämpfer seien unnötiger Luxus. Nach höchstens sechzehn Zwischenstopps an anderen Unterkünften, wo die anderen Gäste ausstiegen, gelangten wir schließlich als Allerletzte in unsere Hotelanlage, die einsam im Niemandsland stand.

Uns über den ruckeligen Transfer zu beschweren hätten wir albern gefunden – schließlich waren wir ja keine spießigen Pauschalurlauber, die jede Gelegenheit zum Meckern nutzen wollten. Außerdem gab es im Hotel auch gar niemanden, der unsere Sprache verstanden hätte, und meckern auf Spanisch konnten wir nicht. Wir verbuchten den Reisebus eben als landestypische Besonderheit – eine von vielen, wie die Zukunft zeigen sollte.

Das Hotel war brandneu, davon zeugten unverputzte Mauern auf der Gartenseite, herumliegendes Baugerät, offene Gipssäcke und lehmige Flecken, die wohl dereinst als Rasen dienen sollten. Rasen einzusäen war aber wohl nicht landestypisch – man wartete eher, bis das Unkraut von selbst wucherte.

Es gab einige Pools, es gab auch herumstehendes Reinigungsgerät – nur was das eine mit dem anderen zu tun hatte, war den Hotelangestellten noch nicht offenbart worden. An den Pools gab es auch Liegen, diese jedoch mit Auflagen zu versehen entsprach anscheinend nicht der Landessitte.

In den Zimmern gab es wenigstens Möbel, wie wir zu unserer großen Erleichterung feststellen konnten. Das Bett war mit Bettwäsche versehen, im Bad gab es Badetücher. Damit hatte es sich für die erste Woche aber auch. Kein Wechsel, keine tägliche Reinigung und eine Rezeptionistin, die unsere diesbezüglichen Nachfragen mit spanisch bedauerndem, schulterzuckendem Lächeln quittierte.

Nun ja, der Strand und das gute Wetter würden uns für alles entschädigen. Die legendären weißen Strände der Karibik, das glasklare, warme Wasser – an dieser Stelle war es leider trüb, der Strand übersät mit Treibgut organischen, menschlichen und zivilisatorischen Ursprungs. Eines Tages schwamm sogar – und das ist jetzt keine bei Gerhard Polt geklaute Szene – ein Schweinekopf im Wasser. Einige Tage später fanden wir heraus, dass sich ca. 1 km weiter östlich der örtliche Schlachthof befindet, der seine Abwässer ungeklärt ins Meer abließ. Die Strömung in unsere Bucht besorgte den Rest.

Die freundliche Rezeptionistin machte uns klar, dass es etwas weiter draußen traumhafte Strände gab – wir sollten uns einfach ein Taxi holen und dorthin fahren.

Das taten wir: Die Fahrt dauerte eine Stunde und führte uns durch militärisches Sperrgebiet, weil, wie uns der Taxifahrer in gebrochenem Englisch erklärte, hier gleich Haiti angrenze und man vermeiden wolle, dass die »Hungerleider aus diesem Dritte-Welt-Land« illegal ins Land kämen.

Doch schließlich fanden wir hinter Zäunen und Schranken einen richtig hübschen weißen Strand – freilich ohne Schatten, Duschen, WCs oder sonstigen überflüssigen Komfort, auf den sich der verweichlichte Pauschaltourist in Begleitung eines zweijährigen Kindes irgendwie eingestellt hatte. Es gab dafür Wasser, Sonne, Sand und keine herumschwimmenden toten Tiere – dafür musste man dankbar sein.

Es war auch nicht so, dass sich das Hotel nicht um uns bemüht hätte. Es wurde uns am ersten Abend sogar gratis eine Flasche Wein auf den Tisch gestellt. Leider fand sich zum Öffnen im ganzen Hotel kein Korkenzieher – wahrscheinlich entsprachen Schraubverschlüsse eher der Landessitte.

Dafür war die Verpflegung sehr vielfältig. Es gab Fisch und Reis und schwarze Bohnen. Dann wieder Reis und Fisch und schwarze Bohnen, und zur Abwechslung schwarze Bohnen mit Fisch und Reis – da blieben keine Wünsche offen. Man hätte sich auch ein Taxi nehmen und zu den nächstgelegenen Wellblechhütten fahren können, um die dort angebotenen Schmor- und Grillgerichte zu kosten, aber bourgeoise Hepatitisängste hielten uns davon ab.

Trotzdem fanden nach wenigen Tagen wirkungsvolle Magen-Darm-Viren den Weg in unseren Organismus, aber dank der mitgebrachten Hausapotheke war nach zwei bis drei Tagen über karibischem Porzellan der Spuk vorüber. Und aufgrund der mangelnden Treffsicherheit unseres Sohnes wurde sogar der Zimmerservice zu ungeahnten Spitzenleistungen angespornt.

Der Höhepunkt des Animationsprogramms war an Weihnachten der Auftritt des Weihnachtsmannes am Pool im roten Mantel. Eine rote Nikolausmütze mit weißem Flauschrand wäre dem dafür engagierten Animateur vermutlich unpassend erschienen, weshalb er – der Landessitte entsprechend – ein rotes Kopftuch trug und damit, nach Aussagen unseres Sohnes, eher aussah wie Captain Hook.

Das Silversterbüfett wurde von einem Karibiksturm verblasen – gut, damit muss man rechnen, wenn man in dieser Zeit dort Urlaub macht. Um Schäden zu vermeiden, ließ der Manager den Sekt in Plastikbechern ausschenken, und es war hübsch zu beobachten, wie sich die Menschen Reis und Bohnen in die Münder wehen ließen. Nur dass das Hotel über keinerlei überdachten Speisesaal verfügte, könnte eventuell langfristig zum Problem werden. Wir fingen frohgemut die herumfliegenden Teile der Eisbombe auf, wünschten uns ein gutes neues Jahr und eine baldige Rückkehr in die Heimat.

Am Abreisetag warteten wir mit gepackten Koffern um acht Uhr vor dem Hotel auf den Transferbus zum Flughafen. Der kam aber einige Stunden nicht – dafür kam die Mitteilung, der Flug würde sich erheblich verzögern. Aus der Verzögerung wurde eine Verschiebung auf den nächsten Tag, und schließlich machte die Nachricht die Runde, das Flugzeug (im Übrigen dasselbe, mit dem wir zwei Wochen zuvor hergeflogen waren) sei wegen technischer Mängel aus dem Verkehr gezogen worden.

Wir besetzten eilig unsere bereits geräumten Zimmer, um wenigstens ein Bett für die Nacht zu haben, und begannen, Adressen mit den Mitreisenden auszutauschen, um in Kontakt bleiben zu können.

Am nächsten Morgen sollten wir uns ab vier Uhr bereithalten, was wir in der Hoffnung auf Heimkehr auch taten. Eine klapprige Variante des Transferbusses vom ersten Tag holte uns ab – der luxuriöse Bus war anderweitig belegt – und entließ uns am Flughafen ohne weitere Instruktionen.

Es ist ja schon an einem vergleichsweise gut organisierten deutschen Bahnhof kaum möglich, bei Verspätungen verlässliche Auskünfte zu bekommen – auf einem nicht klimatisierten karibischen Flughafen, der vom gerade aufkeimenden Tourismus schon per se überfordert und auf Pannen nicht vorbereitet war, fühlte man sich wie in einem schlechten Comic.

Man stand in irgendwelchen Warteschlangen zum Einchecken, wusste aber nicht, ob es überhaupt einen Flug zum Einchecken gab. Immer wieder änderten sich die Informationen auf der Anzeigetafel, ergänzende Informationen kamen auf Spanisch aus scheppernden Lautsprechern, und immer wieder kam Bewegung in die Gruppe, wenn es hieß: »Jetzt Schalter 3.« Zwei Stunden später hieß es: »Jetzt Schalter 5« und so weiter. Es war ein bisschen wie in der Sendung »1–2 oder 3«: »Ob du wirklich richtig stehst, merkst du, wenn das Licht angeht!«

Einzelne versuchten, alternative Flüge zu buchen für Unsummen von Geld über abenteuerliche Zwischenstopps – Hauptsache, raus aus der Karibik. Natürlich gab es in der Abflughalle nicht, wie in Europa üblich, unzählige Verpflegungsstände – wir standen also ohne Essen und Trinken tapfer in unseren Warteschlangen. Am frühen Nachmittag gewährte uns die Fluggesellschaft eine Wohltat, und es gab pro Kopf einen Gutschein für McDonald's, gratis, wie betont wurde. Das Restaurant befand sich hinter dem Eincheckbereich, aber gnadenhalber wurden wir durchgelassen. Um die Warteposition nicht aufgeben zu müssen, gingen wir also umschichtig zum Essenfassen, und man kann gegen Fast Food sagen, was man will: Nach zwei Wochen Fisch-Reis-Bohnen ist ein Hamburger ganz nah dran am Paradies.

Gegen Abend hörten wir, es gebe jetzt eine Möglichkeit: Wir würden aufgeteilt in zwei Gruppen, die eine könne bei einem Flugzeug einer anderen Gesellschaft mitfliegen, die andere etwas später bei einem zweiten mit Zwischenlandung in Paris. Wegen des kleinen Kindes durften wir in die erste Gruppe und saßen schließlich gegen 18 Uhr in einem Flugzeug Richtung Deutschland.

Niemand mochte sich mehr über enge Sitze, gedrängte Sitzreihen und fehlende Kopfkissen beklagen – Essen war auch nur für die Hälfte der Gäste an Bord, weil man ja nicht damit gerechnet hatte, gestrandete Passagiere aufnehmen zu müssen, aber das Vorhandene wurde freundschaftlich geteilt. Wir waren einfach nur glücklich, dass zumindest genügend Wasser an Bord war und eine der Toiletten funktionierte. Auch sitzen war schön nach einem Tag bei 50 Grad Celsius in der Warteschlange.

Einer der Mitreisenden organisierte einen Anwalt, der eine Sammelklage gegen den Reiseveranstalter auf den Weg brachte. Neun Monate später kam es zu einem Wiedersehen mit den Mitreisenden vor Gericht. Man einigte sich auf einen Vergleich mit einer lächerlich geringen Minderungsquote – und seither feiern wir Weihnachten wieder brav zu Hause.

WIR FAHREN GEN ITALIEN

Sicher möchten Sie gerne einmal wissen, wie so eine Verhandlung im Reiserecht vor sich geht. Wir haben daher einfach ein Wortprotokoll erstellt zu einer Sache, die bereits im Jahr 1991 vom Amtsgericht Mönchengladbach entschieden wurde und als Klassiker des Reiserechts gelten darf, zumal darin das Gericht große Lebens- und Sachkenntnis bewiesen hat. Die Rechtssache als solche wurde schlicht übernommen, die Begleitumstände freilich etwas verfeinert:

Es treten auf der Kläger, Herr Mayer-Lüdkens, der örtliche Reiseleiter Luigi und die Richterin. Also, Vorhang auf:

Richterin: Zum Aufruf kommt die Sache Mayer-Lüdkens gegen den Reiseveranstalter Pfui-Tours.

Erschienen sind Herr Mayer-Lüdkens als Kläger sowie auf Beklagtenseite der örtliche Reiseleiter Herr Luigi Di Lungo...

Luigi: Kannse Luigi zu mir sage...

Richterin: Äh, wir belassen es doch lieber bei Herr Di Lungo.

Herr Mayer-Lüdkens, das persönliche Erscheinen Ihrer Gattin war angeordnet – wo ist sie denn?

Mayer: Sie ist im Krankenhaus.

Richterin: Ah ja. Zum Sachverhalt: Der Kläger hatte bei der Beklagten für sich und seine Ehefrau eine Urlaubsreise nach Rimini gebucht. Geschuldet wurde die Unterbringung in einem Doppelzimmer mit Doppelbett. Die Klägerseite trägt vor, dass es in dem zugewiesenen Zimmer kein Doppelbett gegeben habe, sondern zwei separate Einzelbetten, die nicht miteinander verbunden waren. Bereits in der ersten Nacht habe man feststellen müssen, dass die Klägerseite hierdurch in ihren Schlaf- und Beischlafgewohnheiten erheblich beeinträchtigt wurde.

Ein »harmonisches und friedliches Beischlaferlebnis« sei während der gesamten 14-tägigen Urlaubszeit nicht zustande gekommen, weil die Einzelbetten bei jeder kleinsten Bewegung mittig auseinandergegangen seien. Die Kläger verlangen Schadenersatz in Höhe von 20 Prozent des Reisepreises.

Herr Mayer-Lüdkens, möchten Sie hierzu noch etwas anfügen?

Mayer: Es fehlte nicht nur an den im Prospekt angekündigten geräumigen Doppelbetten. Darüber hinaus wurde das Auseinanderdriften der Betten dadurch begünstigt, dass diese auf rutschigen Fliesen standen.

Richterin: Tja, das erscheint mir ein beachtenswertes Detail zu sein.

Mayer: Der erhoffte Erholungswert, die mit meiner Frau ersehnte Harmonie und Entspannung, haben darunter erheblich gelitten.

In diesem Zusammenhang möchte ich darauf hinweisen, dass in einem solchen Fall gerade auch die von uns gepflegten besonderen Beischlafgewohnheiten zu berücksichtigen sind.

Richterin: Die Klägerseite hat bislang nicht näher dargelegt, welche besonderen Beischlafgewohnheiten sie pflegt, die gerade fest verbundene Doppelbetten voraussetzt. Allerdings möchte ich aus Jugendschutz und verbalästhetischen Gründen von einer weiteren Sachaufklärung absehen, da ich insofern ohnehin der Ansicht weiter Teile der Rechtsprechung folge, wonach von den Beischlafgewohnheiten des durchschnittlichen Verkehrsteilnehmers auszugehen ist. Was mich allerdings mehr interessiert, ist, ob Sie denn nicht vor Ort versucht haben, den Mangel mithilfe des örtlichen Reiseleiters zu beheben.

Mayer: Nun schon, allerdings bin ich hier auf wenig Brauchbares gestoßen.

Luigi: Herr Mayer komme zu mir und sage, es klappet net so auf Doppelbett. I sage: »Herr Mayer, non ca pui problema, vielleicht klappt es woanders. Musst du probiere, Liebe mache mit die bella signorina auf die Fußbode. Oder, wenn du willst, kannst du meinen Fiat habe unten vor die Hoteleinfahrt. Der Rücksitz ist grandissimo. Oder die allerschönste Möglichkeit – Frau Richterin – ist auf die Vespa!

Richterin: Und, äh, wie haben Sie darauf reagiert, Herr Mayer-Lüdkens?

Mayer: Ähnlich wie Sie.

Richterin: Ja, da scheint mir die Fußbodengeschichte für das Ehepaar Mayer-Lüdkens noch die am ehesten realisierbare Alternative zu sein.

Luigi: Oder, sag I zu Herr Mayer: nimmst du bissle Schnur und bindest die Füße von die Einzelbetten zusammen, sodass nix mehr verrutsche. Oder falls keine Schnur zur Hand, musst du einfach Gürtel nehmen.

Richterin: Der wird ja zu diesem Zeitpunkt in seiner ursprünglichen Funktion ohnehin nicht benötigt. Mir erscheint allerdings noch klärungsbedürftig, inwieweit der Intimverkehr eine zwingende Voraussetzung für die Entspannung von Herrn und Frau Mayer-Lüdkens darstellt.

Luigi: Frau Mayer sage zu Luigi, sie habe zu Hause eh nur einmal im Monat, so ist die zwei Woche hier kein Problema.

Richterin: Herr Mayer-Lüdkens, stimmt das mit dem »einmal im Monat«?

Mayer (betont): Mindestens einmal im Monat, mindestens! Jedenfalls könnten wir einmal im Monat. Theoretisch!

Richterin: Nun, unter diesen Voraussetzungen erscheint mir die Klage entscheidungsreif zu sein. Ich bitte Sie, sich zu erheben. Im Namen des Volkes ergeht folgendes Urteil:

1.) Die Klage wird abgewiesen.

2.) Die Kosten des Rechtsstreits tragen die Kläger.

3.) Das Urteil ist vorläufig vollstreckbar.

Zu den Entscheidungsgründen: Die Klage ist zulässig, aber in der Sache unbegründet. Die Klägerseite hat nicht näher dargelegt, welche besonderen Beischlafgewohnheiten sie hat, die gerade ein fest verbundenes Doppelbett voraussetzen. Darüber hinaus sind dem hohen Gericht mehrere allgemein praktizierte und übliche Variationen der Ausführung des Beischlafs bekannt, die auf einem einzelnen Bett ausgeübt werden können – und zwar zur Zufriedenheit aller Beteiligten. Es ist also keineswegs so, dass die Beklagtenseite ihren Urlaub hätte derart verkehrsberuhigt verbringen müssen. Die Klage ist deshalb als unbegründet abzuweisen. Zu Mayer: Und wie geht es denn Ihrer Frau? Weshalb ist sie im Krankenhaus?

Mayer: Sie entbindet gerade.

Richterin: Na, dann hat das ja trotz der fehlenden Doppelbetten noch geklappt.

Luigi: Die örtliche Reiseleitung hat alles getan, um den Mangel zu beseitigen.

§ 6 DIE VERWANDLUNG VOM MENSCHEN ZUM JURISTEN – UND OB DIESER VORGANG UMKEHRBAR IST...

»Wer nichts kann und wer nichts ist, wird Jurist.«, »Er war Jurist und auch sonst zu nichts zu gebrauchen.«, »Woran erkennt man, dass ein Anwalt lügt? Seine Lippen bewegen sich!«

Mit derartigen Vorurteilen schlägt sich der Jurist von heute herum. Dabei können sich noch immer viele Eltern nichts Schöneres vorstellen, als den Sohn oder die Tochter Jura studieren zu lassen. Eine Karriere als Rechtsanwalt, Richter oder Verwaltungsbeamter scheint vorgezeichnet, und das wird als durchaus seriös angesehen.

Na ja, also zumindest Richter und Verwaltungsbeamter. Gegen Rechtsanwälte hatte schon der Soldatenkönig Friedrich Wilhelm I. um 1720 herum gewisse Vorurteile. Von ihm stammt die Verordnung: »Wir ordnen und befehlen hiermit allen Ernstes, dass die Advocati wollene schwarze Mäntel, welche bis unter das Knie gehen, unserer Verordnung gemäß zu tragen haben, damit man die Spitzbuben schon von Weitem erkennt.« Wir wissen, dass die Anwälte bis heute schwarze Roben tragen, und jetzt wissen wir auch, warum!

Von den Anwälten schwappt das schlechte Image auch hinüber auf die Justiz als Ganzes. Lord Byron wünschte sich: »Sollte ich einmal einen Sohn haben, soll er etwas Prosaisches werden: Jurist oder Seeräuber.« Zugegeben, die beiden Professionen haben einiges gemeinsam: Justitias Schwert und Augenklappe lassen einen extrem an Piraten denken, und man ist sich auch nie ganz sicher, ob sie die Waage nicht womöglich wie Captain Hook mit einem Haken festhält.

John Keats wurde noch etwas deutlicher: »Ich glaube, wir können Juristen in die Kategorie der Monster einreihen.« Dann erwarte ich aber zumindest, dass Hollywood demnächst einen Blockbuster dreht mit Bossi und Schwenn in den Hauptrollen und Kachelmann in der Rolle der verfolgten Jungfrau.

Mein persönlicher Berufswunsch wurde maßgeblich geprägt durch ein Zitat von Theodor Fontane: »Weil der Amtsrichter nicht allein Skat spielen kann, braucht jedes Amtsgericht zwei Referendare.«

Aber was bringt andere unschuldige, junge Menschen heute dazu, sich einem Studium zu widmen, das völlig zu Recht als überhaupt nicht sexy gilt? Eine keineswegs repräsentative Umfrage unter aktuellen Jurastudenten ergab folgende Antworten, die nach Häufigkeit sortiert sind (die häufigsten zuerst):

- Öööööööhh, gute Frage!
  Für Medizin hab ich den NC nicht geknackt.
- Papa will, dass ich in Opas Kanzlei miteinsteige.
- Meine Mama hat die Anmeldung für mich gemacht, aber ist schon o. k.

- Ich wollte hier Männer kennenlernen, aber jetzt merke ich, dass es kaum welche gibt.
- Ich wollte Mädels kennenlernen, und das funktioniert echt super; die sind so dankbar, wenn sie mal einen Mann abkriegen.
- Wie, Jura??? Auf meiner Imma steht doch Rechtswissenschaft! (Sagte der Typ mit den Springerstiefeln)
- Ich wollte was mit Menschen machen, aber ich wechsel wohl doch zu Tiermedizin.
- Einer in Familie muss Anwalt werden, und Luigi, mein Bruder, macht schon die Spielhallen.
- Ich sitz hier nur, weil die Hörsäle gut geheizt sind.
- Mein Freund sagt, ich würde 'ne super Richterin abgeben – ich kann mit den Arschbacken Nüsse knacken!
- Ich hab ein intensives Interesse an Gerechtigkeit und möchte meine intellektuellen Fähigkeiten in den Dienst der Menschheit stellen. (Nein, das war nur Spaß, natürlich hat das keiner der Befragten gesagt!)

Als ich jetzt nach langen Jahren wieder einmal an meiner alten Uni war, um mich über den aktuellen Stand der Juristenausbildung zu informieren, dachte ich, ich träume.

In freundlichen, hellen Räumen saßen die Studenten in überschaubarer Runde, der Professor brachte ihnen den Stoff anhand moderner Kommunikationsmethoden näher, Beamer, Videoeinspieler und ansprechende PowerPoint-Präsentationen kamen zum Einsatz, während der Professor seinen Stoff lebhaft artikulierte, die Studierenden mit dem Geist kritischer Jurisprudenz infizierte und in ihnen das Feuer intellektueller Neugier entfachte. Spannende Diskussionen, an denen sich enthusiastische Studenten rege beteiligten, brillante Argumente, neue Aspekte.

Als mich mein Nebenmann anstieß, zuckte ich zusammen – ich muss wohl geschnarcht haben. Unverzeihlich, denn damit hatte ich fast den Professor übertönt, der unten im Hörsaal stand – der dunkelbraun getäfelte Saal war wie eine Kinosaal stark abfallend, man saß auf unbequemen Holzklappsitzen – und in ein viel zu leises Mikrofon sprach. Dies tat er wohl aus Rücksicht auf seine etwa 200 Studenten, denn es war Montagvormittag gegen 11.30 Uhr, und die meisten hatten noch mit dem Hangover vom Wochenende zu kämpfen.

Die sanfte Stimme, die modulationsfreie Artikulation, die fast ohne Lippenbewegung auskam und stark an einen Yogi beim Murmeln seines Mantras erinnerte, hatte einen hohen Wellnessfaktor. Darum muss ich eingeschlafen sein, um beim Aufwachen festzustellen, dass moderne Kommunikationstechnik sehr wohl Einzug in die Hörsäle gefunden hat – vorwiegend in Form von Handys, auf denen heftig getwittert, und Notebooks, auf denen Facebook-Profile akualisiert wurden. Fünf Bankreihen vor mir diskutierten drei Blondinen mit Tablet-Computer heftig die Sonderangebote von Zalando, während der Professor unauffällig von Betrug und Geiselnahme brabbelte.

Das ist ein echter Fortschritt: Wir mussten damals noch in Papierkatalogen blättern. Ansonsten war früher nur eines besser: Die Belastung durch Elektrosmog im Hörsaal war geringer. Dafür waren die Professoren älter – oder kommt mir das nur so vor, weil ich damals jünger war?

DIE PHASEN DER JURISTWERDUNG

Schon zu Beginn des Jurastudiums kann man gewisse Unterschiede unter den Studierenden erkennen. Manche tragen schwer an ihrer Herkunft – das sieht man am Pilotenkoffer, den sie von Tag eins des Studiums an mit sich herumtragen. Darin die heiligen zwei Bücher des Juristen, der Schönfelder und der Sartorius in analoger Form, sprich die zwischen rote Plastikbuchrücken gepressten Loseblattsammlungen, und der obligatorische Laptop mit den digitalen Ergänzungen. Diese Herrschaften tragen das Firmenlogo des Herrn Papa auf die Stirn graviert, und ihr erster Gang wird selbstverständlich zur Studentenverbindung führen, wo sich auch die anderen alten Herren fürsorglich um die Karriere des Nachwuchses kümmern werden. Die Kommilitonen führen sich in diesen Bünden gerne noch als das auf, was sie im Wortsinne sind: Waffenbrüder. Und lange bevor sie gelernt haben, das elegante Florett juristischer Rede zu schwingen, haben sie bereits mit dem groben Degen eines über die Mütze bekommen. Fördert angeblich das Denkvermögen. Die systematische Vertilgung größerer Mengen Alkohols gehört ebenso zum Ausbildungskonzept wie das Tragen bunter Mützchen und alberner Schärpen sowie eine klare Haltung zum weiblichen Geschlecht: Frauen werden selbstverständlich akzeptiert – als Schmuck bei den Gesellschaftsabenden.

Die weibliche Ausgabe dieser Jurachauvis ist auch vertreten. Intelligent und wählt trotzdem das Gleiche wie Papi. Dort, wo bei anderen Robert Pattinson an der Wand hängt, findet sich bei ihnen ein Kristina-Schröder-Starschnitt.

Ihre bequeme Freizeitkleidung besteht aus einem grauen Kammgarnkostüm mit 10-Zentimeter-Stöckelschuhen. Botox gegen Lachfältchen ist überflüssig, denn sie lächeln nie. Warum auch, schließlich sind sie nicht zum Spaß an der Uni, sondern um einen der weiter oben beschriebenen Verbindungsstudenten als Lebens- und Karrierepartner abzugreifen. Und bei dieser Aussicht wäre Ihnen auch nicht zum Lächeln zumute!

Natürlich gibt es auch die unvermeidlichen Blaustrümpfe, die ihre Erfüllung darin sehen, in der ersten Reihe sitzend, den Professoren durch zentimeterdicke Brillengläser hindurch tief in die Augen zu sehen. Sie haben den Stoff der Vorlesung immer schon im Voraus durchgearbeitet, um das Geschehen mit zielführenden Fragen, die gerne auch einmal zehn Minuten dauern, zu bereichern. Sie nerven sogar die Professoren, weil sie anscheinend davon ausgehen, das Lehrpersonal habe sich auf die Vorlesung ähnlich intensiv vorbereitet, was eine viel zu optimistische Weltsicht offenbart. Aber keine Angst, auch diese Streberinnen machen ihren Weg: Die Staatsanwaltschaften des Landes halten immer genügend Plätzchen frei für Einserkandidatinnen. Und der Rest landet eben im Ministerium oder in der Klapse – der Unterschied liegt nur darin, dass es in der Klapse gelegentlich Aussicht auf Heilung gibt.

Die meisten Erstsemester sind noch erkennbar infiziert mit dem »Tweety-Syndrom«. Nein, das hat jetzt nichts mit moderner Kommunikation unter Verwendung von maximal 140 Zeichen zu tun, sondern mit dem Küken von Walt Disney, nach dem das Phänomen benannt ist, unter dem Absolventen des G8-Zuges breitflächig leiden: Die Eierschalen kleben ihnen noch am Hintern.

Die Mütter bringen die Tweetys morgens mit dem Porsche zur Uni und besprechen noch kurz mit dem Prof, dass er auch wirklich um elf Uhr eine Pause macht und darauf achtet, dass das Vesperbrot gegessen wird. Die Zeitangabe »c.t.« heißt deshalb auch übersetzt: Cayenne-Time und bedeutet, dass die Veranstaltung nicht zur vollen Stunde anfängt, sondern 15 Minuten später, weil man weiß, dass die großen Autos nicht so schnell Parkplätze finden. Die dauernde Parkplatzmisere führt aber auch dazu, dass die Jungstudenten erste juristische Praxiserfahrung machen können, wenn sie versuchen, die vielen Knöllchen abzuwehren. Geht zwar schief, aber Frustration gehört dazu, meint Mami.

Der 18. Geburtstag wird dafür in froher Runde im Hörsaal mit selbst gebackenen Muffins gefeiert – extra ohne Nüsse, damit nichts in den Zahnspangen hängen bleibt.

Es macht Freude, sich vorzustellen, dass diese Kinder nach sechs Semestern Examen machen, nach einer Referendarzeit von zwei Jahren dann, gerade 23 Jahre alt, als Jurist, womöglich Richter, auf die Menschheit losgelassen werden und Ehefrauen und Führerscheine wegnehmen dürfen. Man wird eine Initiative für Wickelkommoden in Beratungszimmern starten müssen, wenn der Trend so weitergeht.

Aber egal, wie alt die Studierenden zu Beginn sind, egal, woher sie kommen und wie sehr sie sich dagegen wehren: Die Deformationen durch das Jurastudium machen vor niemandem halt. Bis zum Beweis des Gegenteils müssen wir zwar davon ausgehen, dass auch fertige Juristen immer noch der Gattung Homo sapiens angehören – zumindest, was ihr vitalen Funktionen angeht. Sie pflanzen sich nicht durch Abknospung fort, sondern auf herkömmlichem

Weg: In-vitro-Fertilisation, Leihmutterschaft oder notfalls Sex. Sie bewegen sich wie andere Humanoide und ernähren sich auch so. Selbst von ihren Verdauungsprodukten entledigen sie sich auf herkömmliche Weise – wenn man auch bei Rechtsanwälten gelegentlich den Eindruck bekommt, dies geschehe durch Absetzen eines Schriftsatzes.

ALS GREGOR SAMSA EINES MORGENS AUS UNRUHIGEN TRÄUMEN ERWACHTE...

Zuerst bemerkt man es an der Sprache. Die juristische Sprache soll ja dazu dienen, komplizierte Sachverhalte möglichst eindeutig und unmissverständlich wiederzugeben. Das ist ein löbliches Vorhaben, und in manchen Vertragstexten gelingt das auch hervorragend: zumindest so gut, dass seit Anbeginn Richter gut damit zu tun haben, den Vertragsparteien zu erklären, was sie da vereinbart haben.

Studenten sind anfangs fasziniert, wenn sie Einblick erhalten in die wunderbare Welt dieser Sprache. Beim juristischen Sprachstil ist es wichtig, Verben, wo es nur geht, durch Substantive zu ersetzen, grundsätzlich nur in der dritten Person zu reden und dabei Funktionen statt der Namen zu verwenden und das Gewicht der Sache durch viele Nebensätze und Adjektive zu unterstreichen.

Nach und nach verinnerlichen sie diese Art zu reden, fangen selbst an, es zu tun, und spätestens nach dem zweiten Staatsexamen ist es kaum noch möglich, mit einem Juristen ein Gespräch zu führen, dem man folgen kann, ohne mitzuschreiben. Im Berufsleben mag das ja noch angehen, schwierig kann es im Privaten werden.

Denn auch Juristen haben Gefühle – nur wenn es darangeht, diese auszudrücken, greifen sie auf die erlernten Muster zurück, und dann wird's problematisch.

Wäre Rechtsanwalt Krämer ein normaler Mensch, der sich mit Schnucki verabreden möchte, dann würde er ihr eine Mail schicken, in der steht:

> *Liebe Schnucki,*
> *ich finde Sie sehr nett und würde Sie gerne zum Essen einladen. Hätten Sie morgen Abend Zeit? Ich freue mich, von Ihnen zu hören.*
> *Viele Grüße*
> *Ihr*
> *Kasimir Krämer«*

Nun ist Anwalt Krämer aber Jurist. Und als Jurist hat er gelernt: keine direkten persönlichen Fürworte, sondern komplizierte Umschreibungen – und immer in der dritten Person! Also formuliert er:

> *Liebe Schnucki,*
> *weil der Unterzeichner die Adressatin dieses Schreibens nett findet, würde er gerne mit ihr essen gehen …«*

Das klingt in seinen Ohren immer noch wahnsinnig naiv und viel zu direkt und konkret. Am Ende nagelt sie ihn noch auf etwas fest. Es braucht Abstraktion – allgemeingültig, dennoch unverbindlich.

> *Liebe Schnucki,*
> *aufgrund der Tatsache, dass der Unterzeichner die Ad-*

ressatin dieses Schreibens seit geraumer Zeit zum Kreis der Personen zählt, deren Gegenwart er über das übliche Maß sozialer Kontakte hinaus als positive Abweichung begreift, ist in ihm der Wunsch nach einem gemeinsamen Besuch eines Restaurants gereift.«

Er ist schon ziemlich zufrieden. Viele Substantive, kaum Verben, jetzt fehlen noch ein paar redundante Adjektive und eine unüberschaubare Anzahl Nebensätze, dann kann das Werk hinaus.

Wichtig noch die Doppelanrede, die auf professionelle Distanz bei gleichzeitiger persönlicher Nähe schließen lässt, wie in »Sehr geehrter Herr Ministerpräsident, lieber Stefan ...«

»Sehr geehrte Mandantin, verehrte Schnucki,
aufgrund der nicht zu bestreitenden Tatsache, dass der Unterzeichner die hoch verehrte Adressatin dieses Schreibens seit geraumer Zeit zum Kreis der ausgewählten Personen zählt, deren pure Gegenwart er über das übliche Maß sozialer Kontakte hinaus als positive Abweichung begreift, ist in ihm der bescheidene, doch heftige Wunsch gereift, die so Angesprochene zur gemeinsamen Nahrungsaufnahme zu bitten, freilich unter vollständiger Freistellung der Adressatin von jeglichen Kosten und sonstigen Verpflichtungen, die sich aus der Konsultation einer Institution, die sich der gewerbsmäßigen Versorgung einer nicht näher bestimmten Öffentlichkeit mit zum Verzehr bestimmten Konsumartikeln gewidmet hat, regelmäßig zu ergeben pflegen.
Über die Vereinbarung eines zeitnahen Termins, der unter Berücksichtigung der sonstigen, selbstverständlich

dringlichen, jedoch nicht vorrangigen Verpflichtungen
des Unterzeichners bereits in den Abendstunden des auf
den im Kopf dieses Schreibens genannten Datums fol-
genden Kalendertags zu realisieren sein könnte, sollte
zwischen den potenziell Teilnehmenden raschestmög-
lich Einvernehmen erzielt werden. Auf die Einhaltung
der regelmäßig erforderlichen Schriftform kann vorlie-
gend im Hinblick auf den drohenden Fristablauf ver-
zichtet werden, wenngleich eine kurze Bestätigung auf
elektronischem oder fernmündlichem Wege der Klarheit
der Absprachen durchaus dienlich wäre und hiermit
vorausgesetzt wird.

In freudiger Erwartung Ihrer baldmöglichsten Rück-
meldung verbleibt daher mit herzlichem Gruß
Ihr
Rechtsanwalt K. Krämer«

Und wenn man sieht, in welch brillanter Art und Weise hier aus einer simplen 32 Worte umfassenden Einladung eine zweiseitige Eloge werden kann, wird doch auch klar, warum anwaltliche Kostennoten so hoch sein müssen, oder? Man zahlt hier schlicht die Tinte!

Schnucki hatte es jetzt ja schon häufiger mit Juristen zu tun, sie erschrickt also nicht mehr, wenn sie einen solchen Brief bekommt. Sie hat nun, das ist ihr natürlich sofort klar, die Aussicht, in den nächsten Monaten, vielleicht Jahren kostenlose Rechtsberatung in unbegrenztem Umfang zu bekommen und dafür nur klitzekleine menschliche Gegenleistungen erbringen zu müssen. Statt aber zu schreiben: »Komme gerne – um 20 Uhr bei Ihnen?«, schreibt sie aus mir nicht nachvollziehbaren Gründen:

»Verehrter Herr Anwalt Krämer,

Ihre Offerte vom heutigen Tag muss ich leider abschlägig bescheiden und empfehle ihrem Verfasser, die regelmäßig zum Zwecke der Fortpflanzung dienenden Handlungen unmittelbar am großen Gelenk zwischen seinem Oberschenkelknochen und seinem Wadenbein auszuführen.

Von weiteren gleichgelagerten Anfragen bitte ich weiträumig Abstand zu nehmen.

Hochspannungsvoll

Schnucki«

Warum mich das so traurig macht? Ich wünsche Schnucki ja nichts Böses. Und ich weiß, dass Verabredungen mit Juristen wirklich ermüdend sein können, zumal wenn man keinen Spaß daran hat, jeden einzelnen Satz nach unzähligen Mäandern haarscharf am Ziel vorbeigehen zu sehen, und man sich ausrechnen kann, dass die einer Essensverabredung fast zwangsläufig folgenden Aktivitäten in ähnlicher Art und Weise ablaufen werden – sprich, er wird vermutlich auch den Kaffee auf dem Teppich vertropfen. Dennoch wäre es doch im Sinne der Arterhaltung mehr als wünschenswert, wenn attraktive, blonde, lebenslustige Geschöpfe wie Schnucki sich mit Juristen paarten. So hätte der Nachwuchs wenigstens eine gewisse Chance, ohne Wasserkopf zur Welt zu kommen, nicht in Roben gewickelt und mit Zitaten aus BGH-Urteilen in den Schlaf gewiegt zu werden.

So aber pflanzen sich Juristen häufig mit Juristen fort, und wir wissen ja alle, wozu Inzucht führen kann, da genügt ein Blick in den Hochadel. Den ersparen wir uns aber und bleiben noch ein bisschen beim gemeinen Juristen.

VON DER WIEGE BIS ZUR BAHRE ...
REFERENDARE

Es wird behauptet, dem Juristen würde dereinst seine Examensnote in den Grabstein gemeißelt. Damit ist gemeint, der gesamte Lebensweg eines Juristen sei durch das Ergebnis, das er im Examen erzielt, vorbestimmt. Zeit seines Lebens trage er die Punktzahl gleich einem Kainsmal auf der Stirne und lasse sie sich schließlich auch in den Grabstein gravieren. Das stimmt so nicht, ist aber auch vollkommen unnötig – alleine aus dem Material des Grabsteins wird man nämlich ablesen können, wie gut der Jurist sein Examen absolviert hat.

Es gibt eine klare Einteilung:

Die besten Absolventen heuern bei großen Rechtsanwaltsfirmen oder in der Industrie an, ackern dort 24 Stunden täglich sieben Tage die Woche und wissen nicht, wohin mit dem vielen Geld. Mit Mitte fünfzig gehen sie je nach Veranlagung in den Vorruhestand oder am Herzinfarkt zugrunde. Ein Grabmal aus feinstem polierten Marmor, verziert mit Diamanten, wird an sie erinnern.

Die Guten gehen zur Justiz. Dort haben sie ihr gesichertes Auskommen und lernen, nicht allzu sehr zu protzen. Wenn die Leber mitmacht, werden sie uralt und lassen sich schließlich unter einer mausgrauen Steintafel begraben.

Die weniger Guten gehen zur Allianz oder zur Stadtverwaltung. Egal, wie gut oder schlecht die Ertragslage das Leben über sein wird, das beständige Gefühl einer gewissen Minderwertigkeit wird sie immer begleiten und dafür sorgen, dass sie zumindest eine Rechtshandlung einwandfrei vollbringen: Sie hinterlassen nach ihrem zeitigen Tod ein Testament, das die Erben verpflichtet, ihnen eine individuell gestaltete Grabstätte zu errichten aus weißem Marmor mit Goldbuchstaben.

Die anderen machen eine Rechtsanwaltskanzlei auf – und heizen den Trend zur Feuerbestattung mächtig an.

Vor dem zweiten Examen kommt aber die Referendarzeit, und da sind eigentlich noch alle gleich. Nach dem trüben, trockenen, theorielastigen Studium lernt man hier die Praxis kennen. Man darf Richtern zuarbeiten, für Staatsanwälte Sitzungen wahrnehmen und für Rechtsanwälte Kaffee kochen.

Von meinem Ausbilder Schnaufer habe ich schon berichtet. Er war der erste Richter, auf den ich stieß, und er hat mich sofort überzeugt, dass dies mein Traumberuf war. Er hatte eine volle Stelle beim Amtsgericht inne, die er aber konsequent als Halbtagsjob betrieb – ein Ideal, das ich bis heute noch nicht erreicht habe.

Schnaufer war in meinen Augen der richtige Mann am richtigen Ort. Gesegnet mit einem profunden Verständnis für die menschliche Natur, war er in der Lage, die allermeisten Rechtsstreitigkeiten herunterzubrechen auf das, was sie waren: Kommunikationsprobleme und verletzte Eitelkeiten. Einer seiner Kernsätze war: »Jetzt haben Sie bewiesen, dass Sie streiten können – aber können Sie sich auch einigen?«

Wenn selbst das nichts half, ließ er auf rhetorisch geschickte und vollkommen uneitle Art einfließen, dass die Materie rechtlich außerordentlich schwierig sei – vielleicht für einen Richter wie ihn deutlich *zu* schwierig – und dass er nicht wisse, ob das, was er hier rechtlich ausrichten könne, der Komplexität des Sachverhalts tatsächlich gerecht werde. Danach unterbrach er und gab den Anwälten, die den Wink mit dem Lattenzaun verstanden hatten, Gelegenheit, ihre Mandanten davon zu überzeugen, dass ein Vergleich hier wirklich das Beste sei, denn man könne nie wissen, was ein überforderter Amtsrichter so alles zusammenentscheide. Eine ausgesprochen effektive Strategie.

Ganz anders sein Kollege Freibauer: Der wäre nie auf die Idee gekommen, so etwas wie Uneitelkeit auch nur ansatzweise an den Tag zu legen. Er war für den Job beim Amtsgericht so unglaublich überqualifiziert, dass er sich berufen fühlte, jeden mit seinem überbordenden Wissen totzuquatschen.

Er hätte mindestens zum BGH gemusst – dieser Meinung war er vor allem selbst. Leider hatte er bereits in frühen Jahren seiner Karriere die Kollegen vom OLG und vom Ministerium sehr penetrant von seiner geistigen Überlegenheit zu überzeugen versucht. Das Imperium schlug zurück und verweigerte ihm konsequent jede Beförderung, sodass ihm nichts anderes übrig blieb, als seine intellektuelle Kompetenz an Kleinstadtrechtsanwälten auszuleben. Bei ihm wurde jedes Mahnverfahren zum wissenschaftlichen Erguss, und klar, dass er nie früher Feierabend machte als unbedingt nötig. Gelegentlich musste er den Nachtwächter wecken, wenn er das Gebäude verlassen wollte.

Er quälte uns Referendare mit einem »freiwilligen« Workshop zur aktuellen obergerichtlichen Rechtsprechung, der jeden Dienstag von elf bis zwölf Uhr in seinem Dienstzimmer stattfand. Er machte dort weiter, wo die Professoren im Studium aufgehört hatten, indem er keinen Zweifel daran ließ, dass wir der Materie intellektuell keineswegs gewachsen waren. Den einzigen Trost fanden wir darin, dass er an den Auffassungen der höchsten Richter ebenso kein gutes Haar ließ und sie zerlegte wie ein Kleinkind eine Lego-Burg. Er war wie ein Formel-1-Motor gefangen im Körper eines Fiat 500, der Geist eines Pitbulls im Körper eines Yorkshireterriers, ein Paul Bocuse, gefesselt an eine Imbissbude.

Wie Helmut Schmidt rauchte und sprach er gleichzeitig, nur etwa dreimal so schnell. Wenn ich nach 60 Minuten aus seinem Zimmer wankte – geistig gegrillt und körperlich geräuchert –, war mir klar, dass man für den Juristenberuf auch zu klug sein kann, und ich war froh und dankbar, dass dies ein Problem war, das meiner Karriere nicht im Wege stehen würde.

Eine zwangsläufige Station auf dem Weg zum Volljuristen ist die Rechtsberatung für Freunde. Früher oder später findet sich immer einer, der einen auf der Party anspricht mit den Worten: »Du studierst doch Jura – da hätte ich mal 'ne Frage…«

Bei mir war es Albrecht, ein Musikerfreund. Er war Hobbyradfahrer auf Profiniveau und hatte sich ein neues Porsche-Fahrrad gekauft. Sein altes hatte er verkauft zum Preis von damals atemberaubenden 3000,– DM. Der Käufer hatte es ausprobiert und für gut befunden, der Kaufvertrag wurde geschlossen – mit Handschlag.

Nun wurde aber der Kaufpreis nicht bezahlt, und auch das Rad nicht wieder zurückgegeben. Die 3000,– DM fehlten in der Kasse meines Freundes – damals wie heute waren Studenten nicht auf Rosen gebettet, und er hatte beim Kauf seines neuen Rades fest mit dem Kaufpreis für das alte gerechnet.

Natürlich nahm sich die Jurastudentin gerne des Problems an, ließ sich von der kompletten Banalität des Sachverhalts nicht entmutigen, mutierte zur Jeanne d'Arc der geprellten Drahteselverkäufer und verfasste einen Schriftsatz, der sich gewaschen hatte. Und der vollkommen ohne Wirkung blieb – der Käufer antwortete einfach nicht, geschweige denn, dass er zahlte.

Die Konsequenz war klar: Wir klagen!

Die Sache war längst zu meiner eigenen geworden, und ich war wild entschlossen, sie bis zum Ende durchzufechten.

Ich verfasste also mit großem Padam-Padauz eine Klageschrift – Angebot, Annahme, übereinstimmende Willenserklärungen, Abstraktionsprinzip, mündlicher Vertrag, Zeugen, Ehrenkodex, Anstand, Menschenrechte und der liebe Gott: Alle wurden sie erwähnt und stritten für meine Sache.

Mit großer Spannung erwartete ich den weiteren Gang des Verfahrens. Das Gericht würde die Sache sicher schnell terminieren, denn die Dringlichkeit der Angelegenheit lag auf der Hand – war aber zur Sicherheit in meiner Klageschrift drei- bis siebenmal erwähnt worden. Nicht weniger als mein persönlicher Glaube an die Justiz, die Rechtsstaatlichkeit, ja die göttliche Gerechtigkeit stand auf dem Spiel.

Ich würde persönlich vor Gericht auftreten und in einem flammenden Plädoyer dem Recht zum Sieg verhelfen. Wahrscheinlich würde der Gegner zusammenbrechen und noch im Gerichtssaal das Geld, heiße Tränen der Reue weinend, in bar bezahlen, während das Gericht, tief beeindruckt und gerührt von meinen Ausführungen, die Einführung einer Stelle für studentische Rechtsberatung erwöge.

Vor dem Spiegel probte ich schon meinen Auftritt inklusive des Einsatzes der Lesebrille als rhetorisches Mittel – streng über den Rand schauen, versonnen am Bügel saugen, dann wieder konzentriert durch die Gläser die Unterlagen studieren. Obwohl ich über eine Sehkraft von 110 Prozent verfügte, hatte ich mir eigens zu diesem Zweck eine Brille aus Fensterglas anfertigen lassen. Ich würde alle Register ziehen und war dabei auch noch der personifizierte Gutmensch, denn schließlich arbeitete ich nicht für Geld, sondern gratis für den Freund. Amazone und Mutter Teresa in einem.

Da erreichte mich eine Postkarte von Albrecht. Er habe sich, so schrieb er, nach langer Überlegung dazu durchgerungen, von der Klage Abstand zu nehmen. Er danke mir für die Bemühungen, wolle den Streit aber nicht fortsetzen, sondern habe eine Lösung gefunden, die sein Gewissen beruhige:

Er habe dem Käufer das Fahrrad jetzt geschenkt und hoffe, dass der damit glücklich werde.

So kann man mit einem Streit freilich auch umgehen, wenn man über wahre Größe verfügt.

DEFORMATIO IN PEIUS

Alle Juristen, die ich kenne, egal, ob Richter, Rechtsanwälte, Verwaltungsbeamte oder Wirtschaftsjuristen, sind der festen Überzeugung, sie seien ganz normale Menschen geblieben. Die Eigenheiten ihres Berufes könnten sie nach Feierabend ablegen und seien dann nur noch ganz gewöhnliche Menschen.

Irrtum.

Nicht alle Deformationen, die der Juristenberuf mit sich bringt, sind bei allen Juristen gleich intensiv ausgeprägt, aber es gibt doch einige Elemente, die sich überall wiederfinden und die dem Kenner zweifelsfrei verraten: Hier steht ein Jurist.

Vor allem bei Rechtsanwälten weit verbreitet ist die Fähigkeit, vermeintlich jede Geschichte zu Ende erzählen zu können. Gerne gepaart mit dem Unwillen, den Gesprächspartner eine Geschichte erzählen zu lassen. Weil der Anwalt nach unzähligen Mandantengesprächen glaubt, er habe jede Geschichte schon einmal gehört und wisse, wie sie ausgehe, langweilt es ihn, längeren Erzählungen zu lauschen. Die Routine des Gerichtssaals, wo es immer gilt, den Gegner möglichst wenig zu Wort kommen zu lassen und durch Störmanöver aus dem Konzept zu bringen, kann er auch im privaten Umgang nicht einfach ablegen.

Er unterbricht daher frühzeitig und versucht, die Geschichte durch Multiple-Choice-Fragen schneller auf den von ihm vermuteten Punkt zu bringen.

Neulich auf einer Party konnte ich folgenden Dialog belauschen zwischen Katrin, einer 40-jährigen Hausfrau und Hundebesitzerin, und Walter, einem 52-jährigen Anwalt:

Katrin: Du glaubst nicht, was mir neulich nachts mit dem Hund passiert ist!

Walter: Hat er jemanden gebissen? Einen Nachbarn oder einen anderen Hund?

K: Nein, ich war ganz spät noch Gassi …

W: Und er hat beim Nachbarn in den Garten gekackt! Der Nachbar hat getobt und Beseitigung verlangt?

K: Nein, ich hatte ihn ja an der Leine. Fürs Geschäft waren wir im Wald, das war gar nicht …

W: Hat er Wild verbellt? Kam der Förster dazu?

K: Nein, wir waren dann schon wieder auf dem Heimweg. Es hat ja so geschneit …

W: Er hat einen Passanten zu Fall gebracht? Der hat sich was gebrochen und will jetzt Schadensersatz? Womöglich vor eurem Haus, wo noch nicht geräumt und gestreut war?

An dieser Stelle des Gesprächs musste ich mir etwas zu trinken holen. Als ich fünf Minuten später wiederkam, waren sie noch kaum weitergekommen in der Erzählung.

K: Nein, der Lieferwagen war ganz ordentlich geparkt. Aber der Mercedes ist da einfach reingerutscht.
W: Und ist weitergefahren. Typischer Fall von Fahrerflucht. Weißt du das Kennzeichen, dann kann man den Fahrer ermitteln.
K: Nein, ich weiß doch, wer es war. Der wohnt nur ein paar Häuser weiter. Der Herr Schönleber. Hat auch angehalten, als er mich gesehen hat.
W: War aber sturzbetrunken und wollte keine Polizei. Der ist den Führerschein los, das ist klar!
K: Nein, der ist halt ein bisschen alt und hat den weißen Lieferwagen nicht richtig gesehen in dem Schneetreiben.
W: Kann man auch was machen – Alters- und Sehschwäche: Lappen weg!
K: Dem war's ganz arg. Wir haben den Besitzer vom Lieferwagen rausgeklingelt. Und Schönleber hat auch gleich 500,– Euro aus der Hosentasche gezogen für den Schaden und sich vielmals entschuldigt.
W: Ja, und jetzt?
K: Nix. Alles gut.
W: Und warum erzählst du mir das? Was soll ich jetzt tun?
K: Äh, nix. So halt ... willst du auch noch einen Wein?
W: Weiß oder rot? Bordeaux oder Burgunder – oder womöglich dieser schreckliche chilenische?

Eine weitere berufsbedingte Deformation nahezu aller Juristen ist der ständige Zwang, zu definieren und zu differenzieren. Das kommt von den vielen unbestimmten Rechtsbegriffen im Gesetz. Die müssen auch laufend definiert werden, und innerhalb der Definition muss differenziert werden nach verschiedenen Fallgruppen, und dann muss der Lebenssachverhalt unter eine dieser Fallgruppen subsumiert werden, und erst dann ist der Jurist glücklich.

Stellen wir uns vor, die Bitte von Anwalt Krämer wäre erhört worden. Schnucki hätte sich mit ihm verabredet, die beiden wären ein Paar geworden. Eines Abends käme Krämer nach Hause, und Schnucki bemerkte eine rote Spur an seinem Hemdkragen. Als wachsame Frau tut sie, was alle geübten Seitenspringer tun: Sie schließt von sich auf andere und stellt ihn sofort zur Rede:

Schnucki: Du hast Lippenstift am Kragen. Hast du mich betrogen?

Krämer: Ich hab gar nichts am Kragen, und wenn, dann ist das kein Lippenstift. Und was meinst du mit Betrug?

Schnucki: Na, Betrug eben. Jetzt tu doch nicht so.

Krämer: Also bitte. Betrug ist die Erregung oder Aufrechterhaltung eines Irrtums durch Vorspiegelung falscher, der Entstellung oder Unterdrückung wahrer Tatsachen zum Zwecke der Schädigung des Vermögens eines Dritten in der Absicht, sich bei einem Dritten einen rechtswidrigen Vermögensvorteil zu verschaffen. Was hat das denn mit Lippenstift am Kragen zu tun?

Schnucki: Das weißt du ganz genau. Bei mir erregst du den Irrtum, dass du mich liebst, und unterdrückst die Tatsache, dass du mit einer anderen Frau aus warst.

Kauder: Aber Kindchen. Das ist doch gar nicht wahr – und selbst wenn: Wo wäre denn der Vermögensvorteil? Und wo dein Vermögensschaden?

Schnucki: Du verwirrst mich ganz. Warst du jetzt untreu – ja oder nein?

Krämer: Was verstehst du denn unter »untreu«?

Schnucki: Also, wenn du halt mit anderen was hast, und wir sind doch zusammen.

Krämer: Schnuckilein – das ist doch nicht untreu. Was untreu ist, kannst du in § 266 StGB nachlesen. Das ist, wenn man eine Befugnis, über fremdes Vermögen zu verfügen, missbraucht und dadurch dem anderen einen Vermögensschaden zufügt. Man sagt auch: die Überschreitung des rechtlichen Dürfens auf der Basis des rechtlichen Könnens. Also zum Beispiel, wenn ein Ministerpräsident eines Landes zu einem völlig überteuerten Preis ein Energieunternehmen kauft und vorher nicht einmal sein Parlament fragt. Nur weil er es kann – auch wenn er es eigentlich nicht darf. Und ich kann dir absolut versichern, dass ich nichts gekauft habe, was ich nicht durfte – ich war also nicht untreu.

Schnucki: Ganz bestimmt?

Krämer: Ganz bestimmt!

Nun ja, Sie sehen, die Robe trägt ihren Spitznamen nicht zu Unrecht: Man nennt sie auch das Spitzbubenmäntelchen.

DANKSAGUNG

Meinen Kollegen vom Stuttgarter Juristenkabarett, Elke Kunzi, Thomas Lang, Thorsten Majer und Herbert Anderer danke ich für langjährige, sehr inspirierende Zusammenarbeit und für die Erlaubnis, einige der gemeinsam entwickelten Ideen in dieses Buch einfließen lassen zu dürfen.

Insbesondere sei hier gedankt meinem langjährigen Freund und Wegbegleiter Eberhard Glauner, der den Beginn des Buchprojekts noch wohlwollend unterstützt hat, die Vollendung aber leider nicht mehr erleben konnte. Einige seiner Ideen leben hier weiter – unter anderem im Titel des Buches –, und überhaupt: Ohne ihn hätte ich vermutlich weder Jura studiert noch jemals Kabarett gemacht.

Meinen Kollegen vom Gericht danke ich für viele anregende Gespräche und ihre aufmunternde Anteilnahme in der Phase des Schreibens – allen voran Gabi Klaus vom AG Esslingen, Helmut Gagg vom Weißen Ring Esslingen und den MietrichterInnen vom AG Stuttgart.

Meinem Freund Thomas danke ich für sachdienliche Hinweise auf dem Gebiet des Familienrechts und sein Geschick bei der Auswahl fabelhafter Restaurants.

Ein ganz besonderer Dank gilt meiner Familie für die positive Unterstützung und ihren unerschütterlichen Glauben daran, dass das schon was werden wird. Ein Extradank an Joachim, dass er mich durchfüttert und mir damit ermöglicht hat, den Freiraum fürs Schreiben überhaupt zu finden.

All den Rechtsanwälten, die mir im Lauf meiner Tätigkeit begegnet sind, danke ich – den einen dafür, dass sie mir gezeigt haben, wie's geht, den anderen dafür, dass sie mich so geärgert haben, dass ich mich mit Satire abreagieren musste.

Unbekannterweise einen Dank an Julia Nolte von der ZEIT, deren Artikel im April 2012 den Anstoß für das Projekt gegeben hat.

Die größte Anerkennung aber verdient meine Agentin Katrin Kroll, die nicht nur den initialen Impuls gab, sondern mir auch mit wertvollen Tipps wunderbar unterstützend zur Seite stand.

Ein herzliches Dankeschön auch an meine Lektorin Anne Stadler, die das Vergnügen hatte, mich als Neuling in die Verlagswelt einzuführen.

Und Ihnen, lieber Leser, liebe Leserin, danke ich auch, denn ohne Sie wäre ein Buch nur bedrucktes Papier.